李
文

Different

不一樣

平心靜氣

讀500字換一生

張德芬大推的
終極心靈講師 暨
黃庭禪創辦人
張慶祥 著

【代序】

我們的老祖宗是靈修高手

文／張德芬

二〇〇二年，我陷入了人生的低潮。我的感覺是：世界上外在事物的追求都是虛空的，不能給我最終的滿足。我到底該怎麼辦？於是我走上了心靈成長、往內探尋的道途。

這些年來，我看遍了中英文身心靈成長的書籍，在世界各地尋訪名師、學習各種心靈成長療癒的方法。到了寫《遇見未知的自己》時，我覺得我找到了一條明徑，於是和大家分享這份靈修地圖。

但是，繼續修下去的時候，我覺得我的靈修地圖還是缺了一塊。我有很多的疑惑沒有老師可以為我解答。我的精神生活、物質生活雖然都大有改善，可是，我總覺得我所學習到的都不是究竟根本的途徑。

此外，當我在國外學習的時候，看到西方人大談我們東方的哲學，在印度看到老外虔誠地學習印度的靈修法門。在內地和臺灣，很多好的老師都是外國人，需要透過翻譯來學習。即使好不容易找到了說中文的好老師，他們所學習的東西也都是在國外學的。

我不禁要問：我們中國五千年的文化到哪裡去了？為什麼我們的老祖宗不談靈修，只談一些空無的清修（我觀念中的道家、老子）或是八股的仁義道德（我觀念中的儒家），要不就是佛家（源頭也是印度），而且佛學有時候真的有點深，帶著濃厚的宗教色彩，不是每個人都能接受的。

那年去臺灣，無意間看到了一個禪院的禪修營，在臺北近郊不遠的新店山區，風光秀麗，而且收費比起現今市面上的靈修課程，實在便宜太多了。老師看起來道貌岸然（我很挑剔靈修老師的樣貌及精神），我抱著渡假和想借由團體靜坐來加強自己打坐功夫的心情，和先生一起報名參加三天的黃庭禪閉關禪修。

我當時是覺得，禪修我聽多了、學多了，還有什麼特殊的？黃庭禪是什麼啊？聽都沒聽過，就去玩玩吧！沒想到，三天的課程下來，真是覺得「眾裡尋他千百度，驀然回首，那人就在我的故鄉臺灣」！

呵呵！黃庭禪的創始人張慶祥，與我同歲，但卻有一個很老的靈魂。他教的禪坐方法，是我見過最好、最直接簡潔的。經由他，我才終於明白打坐的真正目的是什麼，以及怎麼樣打坐才會得到理想的進步。

這位張老師的學問素養真是深厚，他熟讀各教典籍，包括儒家、佛家、道家、聖經，甚至新時代的《奇蹟課程》、《與神對話》等也包括在內，所以講起話來，引經據典，頭頭是道，讓人信服。不過，這種人我也見多了，實修與否，我其實一看也知道。張老師真是一個實修的人，並且，老師解讀四書五經的方法，讓我歎為觀止。那些八股的道德文章（如《大學》、《中庸》之類的），到新時代的《奇蹟課程》，在他的詮釋下，竟然都充滿了極為深遠的靈性意義，以及觸類旁通的驚喜，真是讓我喜不自勝，原來我們的老祖宗真的是靈修高手，境界很高的，高到後人都無法立刻理解出它的真意，啊！原來夢寐中所謂「中華文化博大精深」，就活生生地印證在張講師所闡述出來的性理心法裡面啊！真是太棒了！（我以前對這些博大精深的中華文化，真的是充滿偏見和無知啊！）

張老師所創辦的「黃庭禪」，是他根據古聖先賢的典籍而體悟出的實修方法，它不僅特別的實用，可操作性強，往內去印證更是清楚明瞭，正確無誤，更寶貴的是符合歷代各教聖賢在經典中所交付之最高原則，讓人修起來特別安心踏實。我奔波這麼多年，踏破鐵鞋，所缺的就是這個領域，真的很高興能找到我靈修地圖的最後一塊拼圖！

在三天的課程中，我和我的先生不斷地利用老師教的方法來實踐《當下的力量》的作者說的境界。這些境界及名詞以前都讀過，但是實踐起來實在困難，而張老師提供的方法，踏踏實實地彌補了這個缺憾。

另外，我上過很多靈修課，很多老師都不是可以讓你隨便親近的，下課就不見了。但是張老師非常關心學員，常常在關心學員的進度，永遠隨時等候你來請教，他的耐心、誠意，真是讓人感動。見過他的人都知道，他一點架子都沒有，真誠平實，有問必答，而且臉上總是帶著一抹微笑，讓人看了就舒服。他自稱「講師」，也都只讓我們叫他講師，真是非常的謙虛真誠，說這樣不會讓我們陷入盲目崇拜的陷阱裡面。

我累積了一大堆修行上的問題，以前不是問不到人就是老師的答案讓我不滿意，而這次真的是一股腦兒地全部問光了，張老師的答案也都令我信服。

比如說，我打坐的時候，思緒總是紛飛，困擾我很久，所以我每次打坐只能坐半個小時，而且無法入定。（是的，即使我可以帶大家靜坐，但我自己的功夫還是不到家。不過三天禪修課下來，現在坐一個小時二十分鐘都不是問題，這是以前的我參加禪修從未有過的情形。）

我問過很多老師，思緒紛飛如何對治？他們的回答是：

①「沒有關係，就讓思緒紛飛啊，只要發現的時候拉回來就好！」（是啊，我也教過別人這麼做，可是這很磨人的，我要跟思緒鬥爭到什麼時候呢？）

②「問問自己，是誰在想？」（我會說我在想啊，那又怎麼樣呢？）

③「做個觀察者，觀察你思緒的來來去去。」（看又怎麼樣？思緒還是很多啊！）

還有一位印度上師主張「無念」狀態只是冥想狀態的開頭，還不算真正的冥想。當時我聽了就想：那我不就完了？大概要修十輩子才會進入無念。這位上師建議聽他演講的CD（印度文）或是向他祈禱以求得無念狀態，我也試了啊，但還是一點也沒有用。

我以同樣的問題問了張講師，張講師的答案卻很妙！他說：腦袋本來就是用來想事情的，就像眼睛是拿來看的一樣正常。所以打坐時，腦袋有時會思考本來無妨的。六祖說「無念者，於念而無念。」而《頓悟入道要門論》說：「無念者，無邪念，非無正念。」可見經典中所謂的「無念」，不是腦中沒有念頭，而是沒有妄念而已。「妄念」是對內心（黃庭）那股本無意義的能量產生好惡攀附的念頭（這就是黃庭禪的精髓所在）。「無念」是把不實的攀附去除，而不是把正念也去除。所以「無念」不是腦袋都不能有想法，而是對內心那股無意義的能量，返回沒有好惡分別的清真知見而已。

而且張老師更指出：「你會有很多念頭，尤其是妄念，是因為有某種負面情緒在鼓動這些念頭。」比方說，你有焦慮的情緒，就會一直擔心未來；你有悲傷的情緒，就會一直回想到過去那件讓你心碎的事。因此靈修最重要的是認清你對情緒能量有沒有妄見，而不是弄到不能思考。這點很多大師們都解錯了！（正點吧？原來腦袋思考是正常的，經典證明這種說法是對的，對我來說真是很大的解脫！）

接著我又問張講師說，我要練到什麼時候，才能讓我的情緒永遠不再發動呢？張講師卻出人意料地說：「喜怒情緒的發動也是正常的呀！」啊！什麼啊！喜怒也可以發動哦！講師說「中華文化裡《中庸》不是有『喜怒哀樂發而皆中節謂之和』的說法嗎？這不是明白地告訴我們喜怒哀樂都可以發嗎？只是眾生不知道怎麼發才中本性的節而已呀！回想一下這三天我所教你的黃庭禪，不正是教你在喜怒情緒中怎麼中節的學問嗎？」是啊！這三天我所學的正是這個啊！張講師的回答永遠是那麼精闢有力，符合聖人的教誨，讓你修起來安心踏實，並且立刻可以在自己的身中檢驗證明，這點對我來說，真是太令人驚喜了，原來喜怒可以發，夠不夠正點啊！（至於喜怒怎麼發才不會傷身也不會傷人，這正是黃庭禪的精髓，有緣的人一定要體驗看看哦！）

中嶺山禪院是個清淨禪修的地方，張講師有一堆由衷追隨的志願者，禪院就是他們一瓦一木自己蓋的，禪院辦活動的收費都非常低廉，每一分錢都是用在發揚這件博大精深的中華國粹上面，而且張講師把自己很多的著作，放在網站上讓大家免費下載，如此真是無私的分享。

不過，禪院總是有開銷的，我知道一直以來禪院的經濟並不寬裕，在我去到中嶺山以前，禪院的收入都是靠上山修禪的人的隨喜樂捐，沒有穩定的收費。上完禪修班時，會有一個隨喜奉獻的活動。老師特別說：「駝負千斤，蟻負一粒，量力奉獻，便是真心。」讓每個人按照自己的經濟狀況和發心來隨喜奉獻，沒有任何壓力。雖然張講師對此甘之如飴，但卻也讓我捨不得中嶺山的經濟捉襟見肘。於是我建議張講師，應該可以對參加課程的學員酌收場地及食宿費用，這樣對於以後的推廣也有幫助，但張講師又怕窮人因此上不了課，兩難之下，最後張講師裁示，酌收場地食宿費，並且還說有經濟困難的，依然允許他們隨喜奉獻。說實在，這麼多年，我沒碰過一個教得這麼好，這麼直接簡潔，這麼不藏私，又這麼不愛錢的老師。

最近我邀請張講師來內地開課，談到收費問題——因為要負擔老師和幾位助教及小隊輔的機票食宿，而且，說實在的，內地的主辦單位（不是我啦，我沒時間辦活動）也需要有一些收入吧，人家就是靠辦活動吃飯養家的啊！而且中嶺山也應該有些收入來支持教室的擴建吧！講師說他理解，可以合理收費，有點利潤來宏揚這個中華絕學也是應該的，但是他語重心長地說：「不要讓窮人無法修行，一定要比正常行情便宜才好。」你說，讓人感動不感動啊？

（本文作者為身心靈作家，作者網址：www.innerspace.com.cn）

【推薦序】

回家的路

文／安一心

張講師長年浸淫於「養生」的領域中，不但是身體力行，更是博覽群書，尤其致力於儒、道、佛三家經典性理心性的比對整理，以體悟所得創辦直指人心可以具體操作的「黃庭禪」絕學，分享眾生，功德無量。

在本書中，張老師精妙闡釋總和不過五百字的兩篇短文：《孟子心氣說》與《中庸首章》，揭櫫解脫煩惱罣礙的心法與訣竅，以及生命的本質與主軸，幫助眾生釐正人生追求的謬誤，回返心性的清真本源。

本人有幸得以先睹為快，拜讀後讓我茅塞頓開、豁然貫通，感覺法益充滿，謝謝！本書真的非常值得有志於「養生」的人細細研讀，得以找到回「家」的路，再度認識本來面目的單純與祥和。

（本文作者為安老師心靈診療室講師，著有《活用祕密的43個練習》等書）

【迴響】

他們都說，幸好遇見黃庭禪！

失眠問題有解了：靜坐後竟然能有片刻寧靜舒適，像睡了一覺起來，全身溫溫的好舒服，我現在儘量保持每日至少靜坐五十分鐘，因為我會失眠，所以選睡前靜坐，還真的滿好睡的。（竹科的玲玲）

痛苦中看見曙光了：我的人生面臨到無路可退的痛苦時，以往學習的所有佛法知識，生活知識在痛苦面前，一點作用都沒有。但講師講解的《中庸》，深深觸動了我的黃庭，我是激動地淚流滿面聽完的。我感覺看到了曙光。（科技BOSS 世馨）

遇事不恐懼了：在極短時間內，我恢復了正常的生活和工作秩序，許多人認為我很堅強，我自己知道，這不是堅強就可以做到的，這是黃庭禪的力量，是黃庭禪救了

我的命，讓我更去關注內在。慢慢地，我的悲傷少了，寧靜的時候多了。（遭逢劇變的 Natural）

菸戒了：這一輩子戒了幾十次菸了。每一次都又要心理建設又要生理建設！運動跑步都來，可是就是擋不住那癮頭，屢戰屢敗！結果這次隔了兩天我就不抽菸了，癮頭來了就是一股能量熱熱的，風來了你看著它來，它就像一陣風來了，一陣風走了！（32年老菸槍胡夢藹）

不再沉迷線上遊戲了：經過兩個月的練習，我現在再不會受電腦遊戲的誘惑，也不會再酗酒。因為我體會到了對遊戲和酒精的欲望只是一股一浪一浪襲來的能量而已。（曾玩 game 玩到不能自拔的郭翔）

個性改了：我一直給人的感覺就是很凶，很冷，見熟人也不愛講話，講出來也是硬邦邦的語氣。但是逆著習性懷著祝福的心與人講話打招呼時，發現沒有從前那麼尷

尬，臉上笑容多了，最近很多人說我跟以前不一樣了。（氧氣美女齊超）

精氣神有了：這次去開會，坐在我旁邊的女同事對我說：怎麼你的腰都挺得那麼直，不瘦嗎？我才發現不知道從什麼時候起，那個軟趴趴，老喜歡癱在椅子裡的我開始有了改變。（前嬌嬌女瑩瑩）

平心靜氣了：我終於可以愛己而又能愛人了。無論我生活中遇到什麼人，什麼事，我都感覺可以心平氣和地去面對，沒有期待、沒有逃避、沒有挑剔，因為當我完完全全接受了自己，如何還會不接受我身邊的一切人、事、物呢！（上班族筱雯）

張講師說：「有人會懷疑黃庭禪的課程，但他們忽略了一點，那就是我教給你們的，都是各教聖人在千經萬典中提過的。」

【目錄】

第一部 《孟子心氣說》

第二部《中庸首章》

第一部

《孟子心氣說》

公孫醜曰：「敢問夫子之不動心，與告子之不動心，可得聞與？」

「告子曰：『不得於言，勿求於心，不得於心，勿求於氣。』不得於心，勿求於氣，可；不得於言，勿求於心，不可。夫志，氣之帥也；氣，體之充也。夫志至焉，氣次焉，故曰：『持其志，無暴其氣。』」

「既曰：『志至焉，氣次焉。』又曰：『持其志，無暴其氣者。』何也？」

曰：「志壹則動氣，氣壹則動志也。今夫蹶者趨者，是氣也；而反動其心。」

「敢問夫子惡乎長？」

曰：「我知言，我善養吾浩然之氣。」

「敢問何謂浩然之氣？」

曰：「難言也，其爲氣也，至大至剛，以直養而無害，則塞於天地之間。其爲氣也，配義與道，無是餒也。是集義所生者，非義襲而取之也；行有不慊於心，則餒矣。我故曰告子未嘗知義，以其外之也。必有事焉而勿正，心勿忘，勿助長也。無若宋人然，宋人有閔其苗之不長而揠之者，芒芒然歸，謂其人曰：『今日病矣！予助苗長矣！』其子趨而往視之，苗則槁矣！天下之不助苗長者寡矣！以爲無益而舍之者，不耘苗者也。助之長者，揠苗者也；非徒無益，而又害之。」

「何謂知言？」

曰：「詖辭知其所蔽；淫辭知其所陷；邪辭知其所離；遁辭知其所窮。生於其心，害於其事；發於其事，害於其政；聖人復起，必從吾言矣。」

【新解】《孟子心氣說》

雖然年歲漸長，經驗、學識漸增，但綜觀整個社會現象，我們可以輕易地發現，人們對於安定自己心靈的能力，並沒有隨著經驗及知識的累積而提升，甚至像在開倒車一樣，發生在每個人心中的煩惱，實際上一年比一年還多。

儘管我們身處知識如此發達的時代，但絕大多數的人在安心、修心的路途上，仍然如歧路亡羊一般，茫茫然不得其本。我們簡直可以說，家庭教育、社會教育及無數心理專家的努力下，對於人們心靈的淨化成效，依然沒有發揮絲毫的功能，這其中必有一個連宗教家及學術家都識不破的癥結存在，更何況是一般的人呢。

爲了尋找心性的本源，多年前我曾致力於三教經典性理心法的比對與整理，目的是爲了要探討古聖先賢們，究竟是如何指引人們，解脫自心內的無盡煩惱。當我讀到如來佛的一句「六塵❶妄想緣❷氣」時，才開始對這個修心史上最不易道破的煩惱根源若有所悟。而後又讀到孟子一句「志壹動氣、氣壹動志」時，更開啓了我連續數年往自身內去探索「心」與「氣」糾葛關係的覺察與體悟。

最後終於有機會在自身中驗證到，人們的煩惱罣礙，原來與心頭一股「氣」

的微微起伏變化，有莫大的關係。

這不僅是天下眾生煩惱妄想奔騰不已的根源所在，更是現今無數的心理學者與修行者所識不破的眞機。少了這一層的認識，再多的努力，都只能治標，而很難達到淨化人心的根本效用。

《孟子心氣說》這段短短三百多個字的文章，最有價値的地方，是它直接道破了千古以來，修心史上的最大盲點所在，那就是：「煩惱罣礙與心頭微微的氣機起伏有密切的關係」，更難得的是孟子用了極短的文字，便道破了「如何在心頭氣機生滅起伏的煩擾下，即刻從煩惱罣礙中解脫出來的心法與訣竅。」

這段短文不只是現代人想要「解脫無盡煩惱」，所不可或缺的認識，更是所有有志修爲的人，想要掃三心飛四相❸，直入心源性海❹的明確指引。不論對一

1 色、聲、香、味、觸、法，為六根對應的外境。
2 攀附於……。
3 去除眾生執念。三心為過去心、現在心、未來心；四相為我相、人相、眾生相、壽者相，指貪求永遠享受福祿綿長的執著。
4 心的源頭，性的本體。

般社會大眾，或是有志修爲的人來說，都是一篇非常值得一再品味的絕妙文章。

期盼大家都能從這篇短短的文章中，學習到古聖先賢教導眾生們，從煩惱罣礙中即刻解脫出來的法益，進而驗證到各教聖人所提倡的安心之道，原來是這麼地切身，這麼地息息相通。

1 不動心的層次

原文

公孫醜曰：「敢問夫子之不動心，與告子之不動心，可得聞與？」

「告子曰：『不得於言，勿求於心，不得於心，勿求於氣。』不得於心，勿求於氣，可；不得於言，勿求於心，不可。」

譯

有一天，公孫醜問孟子說：「夫子你所謂的不動心（不動貪嗔❺執著所罣礙的自在），與告子所說的不動心，到底有什麼不同呢？」

孟子回答：「告子曾說過：『不得於言，勿求於心，不得於心，勿求於氣。』這

5 嗔：生氣、發怒、厭惡、恨。

後兩句『不得於心，勿求於氣』是對的（因為氣確實是跟著心走的）；但前兩句『不得於言，勿求於心』則是有問題的（因為心未必是跟著言走的）。」

也就是說，告子講了四句話，對了兩句，錯了兩句。爲什麼孟子說這前兩句是有問題的呢？我們先來瞭解告子這段話的意思，再來說明爲什麼孟子說他是錯的。

【不得於言，勿求於心】

告子說：「不得於言，勿求於心，不得於心，勿求於氣。」

我們先來解釋什麼是「言」？一般人只把「言」解釋成「說話」，但這「言」字不只代表說話，有時一個人不必說話，也能清楚傳達所要表達的意念，那些通稱爲「言」。

例如：你的舉止、作爲、眼神……等，都可以充分地表達出你的意念，這些都可以稱爲「言」。好比我們看到一個人，兩手插腰，眼睛斜斜地瞪著你，你馬上知道他心裡可能對你有所不滿了。有時人們用肢體語言來表達內在的聲音（言），比直接透過語言說明還要清楚、還要具體。因此，你的肢體語言也在「言」字的範圍內。

又如你走在狹窄的路上，看到一個老長者，也許你們倆人都沒說話，但是你馬上躬身退步讓路，這個舉止在表達什麼？這個舉止已完整地表達出你的謙讓與恭敬的心意了。如果你與老長者相遇，卻站在路中央一動也不動，眼睛瞪著他，雖然你沒說話，這又代表什麼？這已充分地說明你的不敬、你的目中無人了。

所以，外在的舉止，往往比直接說話，更能完整表露你內心眞正要說的聲音，這就是告子所說的「言」。

所以，「言」不只包含語言，也包含身體的肢體語言、表情、作爲，甚至包含了還未說出口的起心動念在內。

有了這個認識之後，現在我們一起來看看，告子所說的「不得於言，勿求於心」是什麼意思？「得」是有所成就的意思。告子把「言」和「心」扯在一起，意思是說：「如果一個人說話沒有內涵，舉止不中規矩，動容❻周旋不中節度❼

，那你說他的心能修得多好，這是不可能會達成的。」

告子的意思是說修行從哪裡開始？第一步就是外在的言行舉止、規矩、禮貌、作爲，起碼要像個樣，這個人才有可能修出善良的心地。

這話聽起來似乎毫無疑義，但反過來說，我們也常看到一些修爲多年，禮貌規矩一流，外相及功業皆堂堂之人，然而內裡實在只是個僞君子罷了。

所以，如果只靠外在的言語、舉止、穿著、禮貌、作爲等等徵兆，來判斷一個人內在的心性是否有所成就的話，有時固然準確，但豈不聞古人說「地獄門前僧道多」嗎？可見很多時候表裡並不是一致的。

告子這話雖有不錯的立意，但也有疏漏之處，就是硬把屬於內在「心性」的成就與否，完全交給外在的「言」去決定了。這內外給本末顛倒了，弊端便是讓後世有志於心性修爲的人以爲：「只要努力修飾外面的言行舉止，或是經營功業上的偉大成就，就等於是在修持自己的心性了。」

這種把「心」與「言」本末倒置，不從內裡扎根，只去雕飾外在末節的修法，淪落到最後，豈不是變成專門在訓練一批虛僞造作的人嗎？

所以，孟子說告子的這前兩句話是有問題的，這種失去根本的修爲若不導正，對後世有志心性修爲的人，將是一場大浩劫。

說到這兒，你可能會質疑，孟子是不是認爲外在的禮貌、規矩、功業都不重要了呢？這些當然是很重要的。孟子並非否定外在的修持與作爲，他所要表達的是，這些外在的修爲，如果不以內在的起心動念爲根本的話，內外一失聯，則虛僞生矣。所訓練出來的，盡是一批批的花拳繡腿了。

【不得於心，勿求於氣】

告子這句話的意思是說：「如果我們的心，沒有定靜到一定的程度，那麼想要使我們一身之氣能夠涵養出它的太和天然，是很難做得到的。」而孟子也說這

6 舉止儀容。

7 合乎禮義法度。

兩句話是正確的。

你有沒有發現，心量寬闊的人，不論美醜，到老的時候，大都給人很祥和的感覺；心量很狹迫的人，到老的時候不只是沒有祥和之氣，連舉止都怪怪的。

可見人身的氣質，乃是長久受心所影響的，是與我們的心境息息相關的。所以佛家說「萬法惟心」，你的一切成就，都與心脫不了關係，你的「氣」會淨化成什麼樣，或是污染成什麼樣，更是與「心」息息相關。

我們的心一定要得到相當程度的淨化，而後周身百骸之氣，才會漸漸地得到淨化與長養，慢慢地涵養到年老的時候，自然呈現祥和、慈悲的風範。

若是我們的心在恨一個人的時候，你可以觀察到，身中的氣馬上就亂七八糟了。你馬上覺得煩惱痛苦了。到底是什麼在煩惱？什麼在痛苦？其實那「苦」，就是一股「氣」在胸中擾亂的感覺而已。

這擾亂的氣是怎麼產生出來的呢？罪魁禍首就在心。人們的心若不與外物罣礙，你怎麼會有一股股不得安寧的「氣」湧上心頭呢？怎麼會常有一團不安的氣淤在胸膛呢？內心一罣礙，氣一上了胸膛，便生出無盡的煩惱來了。

「心」先有了罣礙，「氣」便跟著亂了；「氣」亂了，精神就漸漸喪失，日子久了便感到越來越疲憊。好比在你的公司中，有幾個人老是喜歡勾心鬥角，你剛好也是其中之一，久而久之，你必定也會感到形容憔悴。

所以，「氣」確實是與「心」息息相關的，「氣」確實是被「心」所影響。養氣首要在靜心，心不定靜，氣無法長養，因此孟子才說「不得於心，勿求於氣」這句話是對的。

至於前面那一句「不得於言，勿求於心」，告子以爲心是外行❽可以巧飾的，這句話一半對，一半不對。怎麼說有一半對呢？你若仔細觀察看看就知道了，假如每次你看到某人，都斜眼瞪著他，或常常對他出言不遜，久而久之，胸膛中不由自主的，必定會有一股不屑的氣跑出來，一個月之後，這習慣就很難再修正過來了，它將成爲你的習性之一。可見得外行對於人心，也有一定程度的影響，可

8 外在的言行。

以讓心正，也可以讓心偏。所以告子這句話也有一半的道理。

但這句話卻也不是完全正確，好比一個內心很邪惡的人，外表也可以裝得很善良的樣子，甚至他主持的慈善事業可能也很成功；反過來說，也許有個人內心很慈善，既明心又見性[9]，然而外表卻很普通，沒有什麼特殊事可以稱道，甚至在某種特殊的情況之下，他必須示現[10]很壞、很狠的樣兒，這都是有可能的。

所以，如果只以一個人的外表，來判斷他的心是否善良、是否有所成就，也許有一部分會被你猜中，但這只是一般人的看法；對於那些內外已經失聯的人來說，這個法則就可能漏洞百出了。所以孟子才說前面那兩句是不能用的。

9 生命的造化特性得以完美的顯現為「見性」。

10 佛菩薩應眾生的機緣而化現種種的身相。

2「志」與「氣」有什麼關係？

原文

夫志，氣之帥也；氣，體之充也。

【夫志，氣之帥也】

「志」是什麼？「志」與「心」有什麼不同？有幾個字你一定會很混淆，那就是「心」、「意」、「念」、「志」這四個字。也許你從小到大，從來也沒有想到這四個字應該要分一分呢。對很多人來說，這四個字「反正都一樣啦」。其實它們的意義是有很大不同的。

孟子說：「夫志，氣之帥也。」說這「志」是氣的主導，是氣的主帥。前面講「心」，現在這邊突然又跑出一個「志」出來，「志」與「心」、「意」、「念」

有什麼不同？《大學》說：「欲正其心者，先誠其意。」可見是「心」的範圍大？還是「意」的範圍大？言外之意，是「心的範圍比意大」。

爲什麼呢？因爲「心」是講思考的整體。人的思考會有一個模式，整體的那個思考模式，我們叫「心」，而「意」指的是更小的範圍。

例如：我們與一個人相處三年後，我們會評斷說這個人整體上是個「好人」；但他此時此刻，心裡所萌生的，卻是一個壞心眼。有沒有可能這樣？當然會有！

你我都曾經是這樣，每個人都自以爲是個好人，但是有時候也會有幾個很壞的想法，但這幾個念頭並不足以毀壞掉人家對我的整體觀感，因爲我平常的心大體上來說是好的，而剛剛那幾個閃動的壞思想，那個剎那的想法，我們就稱爲「意」。「心」是長遠的、整體的；「意」則是短暫的、剎那的，所以說「心」的範圍比「意」大。

可是剎那的念頭累積久了，也會變成「心」。若是一個人常常被刺激，常常在生氣，以後心量就變得非常狹迫，一直要生氣，動不動就要生氣。那種憤怒、狹迫的意念，萌生久了之後，它也會變成你的「心」。這種人我們就說他的心眼很小，說他的心不好。

另一個心量很大的人，碰巧今天生氣了，我們則會說：「他的心量實在是很好的，唉。他今天不知道怎麼搞的。」一剎那的「意」，我們並不怎麼在意，當下我們已經準備要原諒他了。對吧？

就像這樣，長久的思考模式就叫做「心」，而那個突發的想法稱爲「意」，「心」是由「意」累積起來的，這就是《大學》爲什麼會說「意誠而後心正」的原因了。

再來說「念」。雖然我們統稱爲「意念」，但是「意」與「念」我們還要分一下。什麼叫「念」？「念」其實就是「意」，但「念」是指「意」裡面那些很難割捨的，很令人懷念，久久不能自已的那些「意」才叫「念」。

所以，「念」這字分開來看是「今心」，也就是當下令人有無限罣礙的意思。「念」這個字拆開來又是「人二心」，人有了分別取捨的心，就是有了二心，就是「念」了。這樣分清楚了沒？沒有罣礙的想法稱爲「意」，罣礙牽絆的當下稱爲「念」。

所以，「心」是一種想法，「意」也是一種想法，「念」也是一種想法。不過「心」是屬於長久的思考模式，「意」是這一剎那的念頭，而「念」則是意裡面，常帶著一種令人久久不能自已的誘惑、迷惘。

譬如抽菸，偶爾想到稱爲「意」，帶著癮頭稱爲「念」，天天貪想就成爲「心」，這樣瞭解了嗎？

現在我們回到主題，講到這個「志」。什麼叫「志」？「志」也是心意的一種，但與方才那三個字又怎麼分呢？「志」這個字是特指那些有「向上」、「向善」特質的念頭而言，有了向上的特質才叫「志」。

例如：我要立一個志，說：「我不要再這麼愛睡了，這個月我一定不再遲到了！」這就是立了一個「志」。「志」的特質就是「向上」，凡是內心向上、奮發時，身中也必同時升起一股正氣的感受來。

或說：「今天開始，我一定要戒菸成功！」或說：「今天開始，我一定要爭氣，不要再讓人瞧不起！」你有沒有發現身中都充滿一種「正氣凜然、前途光明」的感覺？這股感覺就是「志」。

所以，「志」也是「心」，但「志」是專指向上、有建設性的，它讓人有一種光明、浩然的感受。沒有人立志要下地獄、去油鍋炸，也沒有人立志明天最好讓所有的人看不起，讓人唾棄，沒有人立這樣向下的「志」，這樣向下的「心」便沒有浩然正氣，沒有浩然正氣就不叫「志」了。

舉凡講到「志」都有建設性、都有光明感、都會升起一股浩然正氣。「志」持久了，有了慣性了，也會變成「心」，變成對自己及對眾生都有建設性的「心」，它會使我們成爲一個有人格的人。這種意念我們就稱爲「志」

中國老祖宗眞是有智慧，把念頭分成好幾類，普通閃動的我們叫「意」；會令人在當下久久不能自已的心、有分別對待的心叫「念」；很有建設性的、向上的叫「志」；大體上，長久的人格風範與思考模式叫做「心」。這樣分得清楚嗎？這個很重要，不能不辨明的，這不先瞭解的話，就無法解釋孟子的這一段話了。

孟子說：「夫志，氣之帥也。」爲什麼「志」是「氣」的主帥？爲什麼「志」可以領導「氣」？這得回到我們的身心之中來觀察才能明瞭的。

例如：我今天立志，說：「我一定要戒掉這個不好的習慣，絕不再讓我的家人傷心了！」你有沒有發現，一股慷慨激昂的正氣已經縈繞在胸膛，一種光明的感覺、向上的感覺就升起來了。那股正在升起的感覺就是「氣」。也就是說，我們的「志」立了，「氣」也跟著來了。所以孟子說「志」是「氣」的主帥，「氣」是被「志」所領導著的。

你也許會問：那麼「念」是不是也是「氣」的主帥？當然罣礙滿腔的「念」也能影響氣，但那個叫氣之「賊」，不能叫氣之「帥」。「帥」是什麼意思？「帥」是拿得出來的，堂堂正正的，有頭有臉的，可以公開給世人知道的而不是像個賊，縮頭縮尾的，躡手躡腳的，不敢讓人知道的。一個叫你向上，一個叫你向下；一個是天堂，一個是地獄。

「志」是「氣」之「帥」也，人只要有「志」，一定會有一股「氣」來相配，如果你常在內心裡對自己說：「我要盡我所能的去爲眾生奉獻。」而你眞的要這樣做，你就會發現你的感受不同了，久了作爲也不同了，心意也不同了。有了這個「志」就會有一股浩然之氣，人格也不同了。

【氣，體之充也】

說這「氣」究竟是在哪兒呢？孟子說，它就遍布在你的周身裡呢。它正充沛在你的體內，所以叫做「體之充也」。也許你會說，「氣」既然充沛在我體內，我怎麼沒感覺到？其實每個人都可以感覺得到，想想你被激怒的時候，是不是有一股「氣」？再想想你朝氣蓬勃的時候，你就感覺有一種能量，讓你想出去活動活動，那就是「氣」啊。或者如果你有在修煉，兩三年後你會感覺到全身充滿一股浩然正氣，如水流般在全身剛健地運轉著。這「氣」是可以透過時間慢慢去存養的，七八年時更是明顯，法輪⓫充沛周身，非常剛健，因此叫做「體之充也」。這段是在說明「志」是「氣」的主帥，而這「氣」在哪兒呢？「體之充也」，無時無刻就在你我的身體裡面呀。

11 周流在任督二脈的氣場。

5 「志」與「氣」孰輕孰重？

原文

既曰：「夫志至焉，氣次焉。」又曰：「持其志，無暴其氣者。」何也？

譯

孟子的意思是說，修行最重要的就是兩件事。哪兩件事？第一重要的是「志」，第二重要的是「氣」。這兩者都重要，配合得好，才能進入完整的修行。但若問這兩者哪個比較重要的話……

【夫志至焉】

孟子說，這「志」字是比「氣」更爲重要的。沒有「志」的話，怎麼當「氣之帥」呢。

就像現在的草莓族，過一天算一天，做什麼都敷衍了事，今天隨便應付應付，明天隨便交代交代，後天隨便打發打發，天天草草率率，隨隨便便，沒有一點「志氣」！家裡沙發很軟，軟到骨頭都陷進去了，天天看電視、打電動，弄得都近視了，安慰自己說：「看電視就是爲了增廣視野呀，打電動可以爲國爭光呀。」眞是沒志氣。

人一定要先有「志」，才會升起一股「浩然之氣」，沒有了「志」，人格一直走下坡，有個日本作家甚至把沒有志的人稱爲「猴子化」的人，人之所以可貴就在於一個「志」字，這「志」是最重要的，所以說「志至焉」。

【氣次焉】

但只有「志」，少了一個配角也不行，所以孟子接著談「氣次焉」。修行不是只修一個空空的心，養「氣」也非常重要，「氣」居第二位。先正了「志」，而後

「氣」自然就生出來了。要這兩者一起並行，修行才有用。

但孟子又怕你聽了「氣次焉」這句話，就只注重「志」，而不再去注重「氣」，於是再馬上補一句「持其志，無暴其氣！」向我們強調這兩者是缺一不可的。

【持其志】

「持」就是時時地保持，時時持好你的「志」，不是三心二意的。常聽到有人說：「我立志今年就要改掉什麼毛病，要達到什麼目標。」但這恆心通常不會超過三天，三天就忘記了。這叫有「志」沒有「持」。

【無暴其氣】

什麼是「暴」？「暴」就像砲彈爆炸一樣，一剎那就沒了。古人說：「一把無明火，燒毀功德林！」這把無明火在發作的當下，氣血紊亂逆行，元精元神不斷潰散，這就是「暴」。不要暴你的氣，升起一個無明火就暴一次，功德林又燒一次，昨天認眞護養了一身的清明之氣，今天生個無明火，一下就暴了，自暴自棄。

聽到人家講你一句不入耳的話就暴，那個臉一下子就紅了，就像一顆小炸彈在胸膛裡爆炸一樣，這個就是「暴」。人們常在不知不覺中暴了自己的氣，這樣持了再好的「志」也無濟於事。修行是兩件事，一個要「志」，一個要「氣」，兩者必須同時並進才行。

4「志」與「氣」如何相互影響？

原文

曰：「志壹則動氣，氣壹則動志也。今夫蹶者趨者，是氣也；而反動其心。」

公孫醜聽完了便問孟子說：「您第一次說：『志第一重要，氣第二重要。』所以我們只要專心來研究志就好了，何必在乎這個氣呢？可是您第二次又說：『持其志，無暴其氣。』又好像兩個都重要，這豈不是前後有點矛盾嗎？」

孟子為了解答這個問題，於是後面就接著說：「因為『志壹則動氣，氣壹則動志』呀！」這一句真的很重要，我以前看經典，因為少了一個「氣」來將「身」、「心」、「性」、「命」做連貫，看了好久都讀不通，最後就是因為孟子的這句話，才將三教經意豁然貫通的，你可別小看了它。

【志壹則動氣】

「壹」就是專精，不散亂的意思。志專一（壹）了就會生出一股氣，好比古聖人那種「爲天地立心，爲生民立命，爲往聖繼絕學，爲萬世開太平」那樣大的理想與作爲，就叫做「志」。立那樣的志，就有那樣的氣。

不信的話，你今天晚上打坐到很難忍耐時，將這四句話在心裡默念看看，想想關公的那種大義凜然，或想想如來佛的慈悲博愛，自己吃這點苦算什麼？念著這些字句，想著古聖的形影，打從內心裡想要效法這些古聖先賢，不怕苦，不怕累，你馬上能感受到滿腔正氣的改變。所以，孟子說「志壹則動氣」。

【氣壹則動志】

剛剛我們說的是「志壹可以動氣」，但孟子反過來說，氣凝聚了也會影響心志的。這兩者是相互影響的，不可以因爲某項比較重要，於是就輕視了另一項，否則會被另一項給拖累的。簡單地說，你只懂「無暴其氣」，但是沒有「持其志」！或是你只有「持其志」卻沒有「無暴其氣」，都不算是完整的修行。

什麼是「氣壹動志」呢？例如：你今天吃了太多上火的東西，像是辣椒之類的，你就會發現身中的火氣在上升，你會不由自主地不耐煩，甚至容易生氣，這就是「氣壹動志」，「心」被「氣」給影響了。

你看世上所有好於逞兇鬥狠的，幾乎都是年輕人，很少有九十歲還會逞兇鬥狠的，這也是因爲年輕人身中的「氣」較盛，「心」容易被強盛的「氣」給左右了的關係。

當然偶爾也會有極少數的老人家，或是平常看起來很斯文的人，突然逞兇鬥狠的，這也是因爲他那時候身中的「氣」被激起來，影響到「心」的結果。

還有世上那些常憂鬱的人，常遲到、懶散、提不起勁的人，都是因身中偏枯的氣已經影響了他的心靈的關係。這都是「氣壹動志」的結果。

因爲「氣」可以動「志」，所以說「氣」如果太強、太剛暴了，會令一個人的思想、行爲都走了樣，因而太激進、沒耐性、坐不住；但「氣」如果太弱，也會摧毀我們的意志，好比凡有操勞的動作，都會感覺很苦，只有躺著最舒服，如果能把骨頭陷到沙發裡更好，這種氣弱的人，一天到晚懶洋洋的，這也是「氣壹動志」的結果。

當然這種「氣」影響「心」的現象，可以透過很多種情緒管理的方式，讓它暫時轉化，但這股偏枯的氣息形態依然還是存留在身中，所以依然時時在侵襲著，這樣的人常常需要調適，需要轉化，時間一久就覺得煩惱，覺得很苦，覺得解脫無門。

所以，爲什麼有的人打坐時，一坐就好幾個小時也不覺得累，我們常以爲他很有毅力，其實只是因爲他的「氣」比較剛健中和⓬使然。爲什麼有的人坐十分鐘就覺得難過，如坐針氈，其實只是因爲他的氣不是太躁，就是太弱，這偏枯的「氣」足以影響「心」的寧靜，所以越坐越覺得苦，苦久了上進的志也就被摧毀

12 喜怒未發的氣血型態謂之中；喜怒已發仍未被氣血罣礙、仍不離自在謂之和。

了。然後我們就說這人是「沒骨氣」。其實都是因爲「氣壹動志」所引起的誤會。《道德經》說：「弱其志，強其骨。」骨氣、骨氣，「氣」就是我們眞正的骨。削弱欲望的人，可以養足一身的浩然正氣，所以說「弱其志，強其骨！」有了剛正的氣，自然就開朗積極，辦事積極肯吃苦，人家就說「有人格」、「有骨氣」。這一切都只是因爲「氣壹動志」所造成的。

「氣」既然可以動「志」，那麼想修好「心」，養「氣」重不重要？當然重要。「氣」偏離常軌太多時，心照樣被拖累下來了。所以還要再暴你的「氣」嗎？每生氣一次就暴一次氣，每哭一次也暴一次氣，怨歎一次暴一次氣，嫉妒一次暴一次氣……這樣是不是很不划算？

暴的氣越多，立的「志」再大，都一定會再被「氣」給拖累。因此，很多修心的人，講了一輩子空空的心，卻不知道要去養一股浩然的眞元⓭之氣，終究淪爲泛漫無著⓮的空幻。

孟子曰：「志壹則動氣，氣壹則動志。」這句話的意思，是說「志」跟「氣」兩者，雖然是「志」當頭，「氣」當尾巴，可是只有動頭，尾巴卻盤在樹上不動，頭還動得了嗎？當然是動不了的。所以「志」與「氣」兩者要相互配合，所有的努力才會有圓滿的結果。

翻遍三教的經書，聖賢仙佛都是這樣「心氣並重」才修成正果的。有人問：「佛家說萬法惟心，只要修個清靜的心就好了，哪還需要養什麼氣呢？」這就是不瞭解心與氣有密不可分的關係，而產生的誤解。

其實儒家的「養氣」，與佛家的「轉法輪⓯」、道家的「煉丹⓰」是名異而實同的。這股氣煉得有所成就之後，儒家稱爲「浩然之氣」，佛家稱爲「金剛法身⓱」，道家稱爲「得丹」。三教眞傳如出一轍，完全一致。

現代人的修爲，除了敲打念唱、行善佈施，及講一個空空的心以外，已經失

13 精氣神純淨的本來樣貌。
14 無所依託；沒有著落。
15 一個人在非常定靜的狀態下，任督二脈中的氣場自然會快速的運轉起來。
16 透過正當的修煉使身中性命凝結返回本來面貌。
17 純先天的一股浩然正氣。

去直接與「淨化法身」、「轉動法輪」有關的頓法了。他們把到各地講經給人家聽叫做「轉法輪」，或是在法會上大家繞成圓圈，用手拍著一個個會旋轉的法器叫做「轉法輪」。這種身外用功夫的誤解經意，實在是完全遺失佛家「一切萬法不離自性」的眞傳了。

孟子說「志壹動氣，氣壹動志」這句話，用意是在向後世眾生強調修行上的兩個不可或缺的重點，一個「持志」，一個「養氣」。這「志」與「氣」兩者，都是與生俱來的，都是本性的一環，這持志的功夫，與《金剛經》裡所說的「阿耨多羅三藐三菩提心⑱」是一樣的意思；而養氣的功夫，與如來佛的「轉法輪」也是完全一樣的意思，這兩者相互影響，缺一不可的。而一些賣弄宗教熱誠的群眾，常在派別上妄分高下，以致性理心法的眞傳無法宏揚。

【今夫蹶者趨者，是氣也，而反動其心】

「蹶者、趨者」是什麼意思呢？「蹶」是跌倒，「趨」是快跑或快走。簡單地說，蹶者是指走不動的人，趨者是指跑太快的人。

孟子用蹶者、趨者在影射什麼呢？讀經典時要先有一個基本認識，經典是一個「象」學，象學就是「比擬」的學問，一個影射意境的學問。像這裡的「趨者」、「蹶者」就是在影射「過」與「不及」的意思。過與不及都是病，社會中就是因爲有太多的過與不及，因而產生無盡的亂象與煩惱。

而爲什麼有的人會「過」，有的人會「不及」呢？孟子說，原因就在於這「氣」能反動他的「心」呀。

例如：這個人講話總是劈里啪啦的，毛毛躁躁的，你叫他靜一點，溫柔一點，有禮貌一點，但實在很難改變。爲什麼會這樣？因爲他的「氣」太躁了，他被「氣」的形態給控制了，他跟著「氣」而毛躁起來了。

爲什麼那些少年會喜歡飆車？你叫他要乖一點，靜一點，那是沒用的，少年

18 對身內身外的一切，能無分別無對待的正等正覺之心。

血氣方剛，他那滿腔的剛烈之氣已經完全控制了他的心，所以行爲就脫序了。情況輕一點的就感覺輕浮、毛躁；情況嚴重一點就形成躁鬱症，甚至帶有攻擊性，這都是孟子所說的「趨者」。

還有一種「蹶者」，我們說：「走！去爬山！」「唉喲，累死人囉，我不想去！」；「不然我們去打個球吧？」「喔，我心情不好，改天吧！」；「要不然來讀本書？」「再讓我睡一下吧！」。這就是「蹶者」，做什麼都沒勁，眞是夠「蹶」的了。

這種人常令人頭痛，但當你瞭解他是被身中一股低迷的氣所控制時，也會不忍心怪他，因爲他其實是不得已的。

爲什麼一個人的「氣」會如此低迷呢？只因這個人長久以來，常常在不知不覺中「暴」了他的元氣，消散了他身中的陽氣。陽氣不存而陰氣滋生，久而久之，「氣」就蹶了，「心」也跟著蹶了。輕則整天懶洋洋，重則形成憂鬱症，對身心都有不良的影響。

又爲什麼有人特別容易「暴」了自己的元氣？這起因來自於個人的生活習

慣、飲食習慣，甚至是他的起心動念、他的脾氣……這些因素都會影響身中的氣質，因爲氣質太弱或太強了，氣偏離中和了。

氣越偏離中和的人，越容易受情緒所困；越受情緒所困的人，元氣就更容易散失；元氣越散失又更容易受情緒所困。所以，若不懂得怎麼樣養氣，這個惡性循環是永遠沒有改善的一天。

來看一則寓言：

有個小孩很喜歡哭，有人問他：「為什麼哭呢？」他說：「因為人家都說我的嘴巴很大！」然後那人再問他：「你為什麼嘴巴大？」他說：「因為我很喜歡哭！」那人又問：「那你為什麼還哭！」他說：「就因為我嘴巴大嘛！」在這樣的惡性循環下，他只有一天到晚哭個不停了。

請問什麼時候他的嘴巴才會變小？不要哭就慢慢會縮小了嘛。這個惡性循環你得先改變一項，情況才能有所改進。

氣養不了中和，心也別想得到安寧，這蹶者、趨者就是因為「氣」反動他的「心」。所以你說「養氣」重不重要？很重要呀。爲什麼這麼多追尋情緒管理的人，或這麼多追尋修行的人，都忽略了養氣的重要呢。可惜呀！

5 何謂「浩然之氣」？

原文

「敢問夫子惡乎長？」

曰：「我知言，我善養吾浩然之氣。」

「敢問何謂浩然之氣？」

曰：「難言也，其為氣也，至大至剛，以直益而無害，則塞於天地之間。」

譯

公孫醜接著問孟子說：「你說告子不對，但你跟告子來比，你的長處在哪裡？」

孟子說：「我和告子比，有兩個長處。一個是『知言』；一個是我善養我的『浩然之氣』。」

公孫醜又問孟子說：「請問什麼是浩然之氣呢？」

這本書從一開始寫到現在，才只不過是寫出個《孟子》的開胃菜而已，下文開始，才是眞正要進入孟子的學說中最爲重要的精髓所在了，你得要用點心來細細品味才行。

孟子曰：「難言也，其為氣也，至大至剛，以直養而無害，則塞於天地之間。」

要解這段文字，我們得先針對前面所說的「浩然」這兩個字進行瞭解才行。「浩」就是大、充沛，如黃河決堤一般，很浩大充沛的水，萬夫莫敵的樣子，叫做「浩然」。用比較容易懂得的字眼，可以說它是「充沛」。

例如：你勞累了一整天，一到晚上你一定感覺到渾渾沌沌，這樣就不充沛。休息一下，明天又有精神了，你會覺得朝氣蓬勃，又很充沛。尤其是懂得養氣的人，身中有一股氣，如水一般在周身充沛地運行，打坐時令人神清氣爽，如癡如醉，這個隨時隨地都充沛的一股氣的感覺，就叫「浩然」。

「氣」是一種流動的能量，在你身中流動，當它越來越剛健時，你便可以明確地感覺到它。萬物構成的主體，就是這個氣。例如你生氣的是氣，感動也是氣，鬱悶也是氣，有精神也是氣，沒精神也是氣，舉凡你的知覺所在，都是氣的變化所致。

孟子所說的「浩然之氣」指的不是充沛在天地間的那股氣，而是專指存在你身內的一股充沛的能量，這個能量就是你生命造化的主軸[19]，沒了這股能量，生命就凋萎了，它才是你眞正的生命所在。

生命的主軸不是在這個肉體；肉體拋掉之後，我們稱爲鬼神，那時我們眞正的生命還在。佛家稱成佛者的身體爲「法身」，稱鬼魂的身體爲「陰身」，不論修行與否，人死後的生命依然存在，都還有一股「氣」作爲祂們眞正生命寄託的所在。

19 造化，創造化育。人及萬物都是能量（氣）生成的，那股氣才是萬物變化的根源。

人們的眞我生命是以一種「氣」的形態存在的。不過這氣是否「浩然」，那就未必人人皆同了。充滿一種陰殺之氣，那不叫「浩然」；時時陽性充沛，才稱「浩然」。

古書裡有這麼一段話，眞是直接道破了「養氣」的重要性：「消陽長陰，凡夫之道，待至陽盡陰純而成鬼。消陰長陽，異人之道，待至陰盡陽純而成仙。況人半陰半陽，半仙半鬼也，若將半邊陰氣煉退，則成純陽。純陽者仙也，何難之有。」可見作佛作鬼只是因爲法身中的「氣質」有所不同而已，因此養「氣」、淨化「氣」的功夫可以輕忽嗎？

這個「氣」看不到，不易用語言來表達，所以孟子說：「難言也，其爲氣也，至大至剛，以直養而無害，則塞於天地之間。」他說這個「浩然之氣」，很難用語言形容。好比《道德經》說：「道可道，非常道！[20]」這「氣」要怎麼說，它在身中是一股感受，很難用筆墨來形容。孟子用「難言也」來告訴公孫醜說：「我姑且說說，你姑且聽聽吧。」

【其為氣也，至大至剛】

孟子是說這「氣」的作用是非常偉大的，它的力量是大到不可思議的，它的作用簡直沒有東西可以與它相提並論的。爲什麼這樣講呢？因爲這股氣正是天地蘊化萬物的總能量，也是造化的總樞紐，一切萬物生生化化的最高機密，都蘊藏在這股氣裡面，都是這股氣所造成的。

你看那氣功大師，金鐘罩、鐵布衫，那氣一運上來，連棍棒都打傷不了他，那勁一發出來，十幾個年輕小夥子也無法抵擋的，但那也只不過是把這氣拿來牛刀小試而已。

像那佛的法力無邊，入水不溺，入火不焚，也只不過是運用這股氣的本能，展現出它的力量與變化的效應而已。天下沒有任何東西比這氣更偉大更堅強了，

20 道只可意會，而不可言傳。

你說這「氣」神不神奇，所以說「至大至剛」。

【以直養而無害，則塞於天地之間】

「直」是不彎曲、不造作。這「氣」它本自具備長養與淨化的功能，只要任由這氣的自在天性去發揮著，去造化著，便可得到無盡的本性之益，這就叫做「直養」。

好像地球上的水一樣，它自具淨化的功能，再怎麼髒的水，它用自己「蒸發」的特性，脫離了污垢，上升到天際，再變成雨，自動降到地上來。它只是靠著本自具有的天然力量，就可得到淨化與昇華，不靠別的力量，只是順乎自然而已，不是靠人爲的造作經營，這就是「直養」。

養氣也是一樣的，要使身中的這股浩然之氣得到淨化、得到昇華與長養，所依賴的也只不過是這氣中本自具有的特性而已，讓它的自然特性展現出來，不要去迫害到它，不要去限制到它，就是「直養而無害」。

爲什麼用「養」這個字?「養」就是你要供給它東西、給它肥料,它才慢慢長大,不然怎麼叫「養」。這個「養」字是需要很長的時間,像養小孩一樣,它是慢慢長大、慢慢剛健浩然的,不是立即看得到成效的,所以叫「養」。

用什麼來「養」呢?用「直」來「養」。「直」就是不扭曲、不矯揉造作、只是順應這「氣」的自然特性而已,只是任其自在,不要傷害到它就行了。

到底是什麼東西,讓這本自至大至剛的「氣」給彎曲了呢?它就是人的「心」。人的心識[21]會讓你的「氣」紊亂、讓你的「氣」衰敗、讓你的「氣」散失陽氣充滿陰氣。當你那對待計較的心識一起時,全身的「氣」就紊亂了,就震盪了,「氣」的造化規則就都被扭曲了,開始消陽長陰了。

所以這「直養」兩字,雖要看「氣」怎麼自在,但「氣」是否能夠得其剛健自在,還得要看「心」是否能夠清明無欲呢。所以這「直養」兩字,不只是

21 指與實體相對的精神;心智;意識。

「氣」怎麼「直」，更包含了「心」怎麼「直」的問題。

心怎樣才會「直」呢？「不二」才能直、才能明，心有二（分別對待），心就無明瞭，氣的自然天性就扭曲了。所以所謂「直養」，就是用「不二」的心來養氣，時時在靈台（黃庭）上保持不二的心境，才能養好「氣」。

如何長「養」呢？就是少生氣、少煩惱、少計較，多一點自在、多一點包容、多一點寬懷、多一點仁愛……有了這樣的心，「氣」就不會受到傷害，就可以得到長「養」了。

比如白天非常操勞，雖說刻苦耐勞是一種美德，且適度的勞動還很有助於長養的正氣，也很有助於養性，但過度地操勞到損性損氣的時候，就適得其反了，就成爲「法執[22]」了。所以動靜作息要有節，凡事不宜過度，時時要在心上、飲食上、作息上檢點，把容易損傷到氣的因素一一去除掉，這叫「無害」。

接著再講「則塞於天地之間」。像佛的法身，太虛[23]有多大法身就有多大，好比一滴水回到大海時，大海有多大，也等於這滴水有多大，這是成佛者的「塞於天地之間」。

經典是講給凡人聽的，不是講給佛聽的，古人說：「人身雖小配天地。」這個「天地」兩字，可以指宇宙天地，但也可以指我們身上這個小天地。一個經過正師指點的人，開始懂得扣手塞兌[24]，收束身心，進入打坐養氣的階段，這時他會發現，當他的心真正靜下來的時候，立即有一股浩然之氣充沛在他的體內，好像要把他的身體撐大了一般，這種現象則是初學修行者立即可以經驗到的「塞於天地之間」。

22 對於學習法門後所引起的固執。
23 宇宙。
24 靜坐時握固手印、關閉六門、專注觀照自己的內在。

6「義」該從何處做起？

原文

其爲氣也，配義與道，無是餒也。是集義所生者，非義襲而取之也；行有不慊於心，則餒矣。我故曰告子未嘗知義，以其外之也。

這段話眞的是很重要，從中我們可以知道這「氣」到底要怎麼「養」起來。

【其為氣也，配義與道，無是餒也】

孟子說要養這個「氣」，必須配「義」與「道」；無是餒也！這「是」字就是指義與道，是說這「氣」沒有配「義」和「道」就衰敗了。因爲我們有了情識㉕之後，我們周身的氣都開始亂了，陽氣就在無形中慢慢消散而去了。

這樣的說法會讓你不知所云，有這麼嚴重嗎？平常沒感覺，但在大發脾氣之後，感覺會特別明顯。你有沒有發現和人吵架之後、大發脾氣之後，你就會覺得好累。那就是身中正氣不斷在潰散的證明，心一動氣便潰散，人的精神也就耗弱了，所以說「無是餒也」。

養氣要拿「義」與「道」來當作肥料，天天給予「義」與「道」這兩個肥料，這「氣」才養得起來。至於什麼是「道」？什麼是「義」呢？繼續看下文的解析便能知曉。

【是集義所生者，非義襲而取之也】

這浩然之氣是慢慢累積「義」而養出來的，並非「義襲」可以偽造巧飾的。

25 欲望，欲念。

所以這「集義」和「義襲」要能分辨清楚，才不會使「氣」又衰敗了。

「襲」就是徒具華美外衣的意思，沒有裡子，只有面子，就是「襲」。孟子的意思是說：養浩然正氣是靠集義而來，是要集心上的義才養得起來的，而不是靠外在華美的行爲可以取得的。

就像王陽明《傳習錄》中與弟子的一段對話：

愛問：「……朱子以為『事事物物皆有定理』，似與先生之說相戾。」先生曰：「於事事物物上求至善，卻是義外也。……夫我則不暇。公且先去理會自己性情！」

譯 徒弟問王陽明說：「朱熹解『格物』是要學者去格盡天下事物，這樣的說法豈不是與您所說的法不一樣了嗎？」王陽明說：「在外在的事物上求心的至善，便是中了孟子的義襲了。要我的話，我可沒這個閒功夫。您先去觀察自身的心性，自身的性情格得至善再來說吧。」

我們再看看另一段陽明先生的話：

先生曰：「先儒解『格物』為『格天下之物』，天下之物如何格得？且謂一草一木亦皆有理，今如何去格？縱格得草木來，如何反來誠得自家意？……」

譯 王陽明說：「朱熹把『格物』解成要去窮究天下之事物，天下之物何其多，要從何窮究起呢？縱然天下事事物物都給你格盡了，它還是它，我還是我，又如何反來誠得了自家的本心本性呢？」

這種將內在學問往外追尋的方法，就是孟子所批判的「義襲」了。

現在，我們得花一點時間來瞭解什麼是「義」？簡單地說，「義」是心頭上的一股「氣」。不只「義」是一股氣，「仁」也是心頭上的一股氣，而「善」也是心頭上的一股氣。舉凡「仁」、「善」、「義」的心量升起時，心頭必有一股異於常態的感受，那感受的主體就是「氣」。

「義」不容易瞭解，不如就讓我們先說說「仁」吧。「義」的心與「仁」的心是相對的。「仁」就是心理上處處欲其生、處處包容、寬懷的一種心量；「義」剛好相反，義是心理上的一種裁制，當砍掉就砍掉，當犧牲就犧牲，該受難就受難，坦蕩魄力的一種心量，那個才叫「義」。

一個君子有時行「仁」，有時行「義」。行「仁」也好，行「義」也好，都是爲了符合於大道的節㉖。「仁」是對於不及者，我們懷著寬大的心，讓它生生不息，讓它慢慢地長養來符合於大道的節。懷著這種寬大的心叫做「仁」。「義」是說對於已經超過的、偏離的，我們裁制它、削伐它，讓它來符合於大道的節。懷著這種裁制削伐以符大道的心，所以才稱爲「義」。

孔夫子有教無類，不斷付出愛心培養人才，我們就稱他爲「仁」；講到關夫子拿著大刀去扶助弱小，我們就稱他爲「義」。這是「仁」與「義」的不同，但有時用仁，有時用義，都是爲了讓世上的人們符合大道的節，這點用心則是相同的。

古人說義就是「宜」，「宜」就是要知所取捨，能取也能捨，拿得起放得下，這個「宜」才稱爲「義」。說這個人很仁愛是什麼意思？你不管怎麼欺負他，他都可以接受；你很落魄的時候，他就會伸出援手，我們就講這個人有仁愛。

我們說這個人很有義氣又是什麼意思？例如你做錯事，如果太過分了，他會直言勸諫；假如勸不聽，他就跟你斷交，甚至給你裁制，甚至還會大義滅親的。只懂得一個「仁」字的人使不出這種魄力，只有「仁」沒有「義」的人會一直原諒，到最後成爲姑息養奸、一事無成的爛好人；有仁有義，仁義皆全，才能教化天下蒼生漸漸符合中道。

爲了要符合於天道，當取則取，當捨則捨，有不對的事，有不對的心，用果斷的魄力立即斬斷，毫不徇私眷戀，這才有「義」。所以「義」指的是一種公正、魄力、斷然的心境，當這種心境升起時，心頭上也必升起一股浩然正氣，所以這「義」是心上事，而且是心上的一股氣的感受，並不是一件外在的事件、作爲，或功業作爲可以巧飾的。

26節，指正道、常理。符合於大道的節，即身中小天地的能量步調與大道同步。

因此，原文中所謂「其爲氣也，配義與道」的「義」是在哪兒？就在於我們的心上，或說在心中的一股氣上。雖然不易懂，但你可以試著提起一股義氣看看，觀察自身的變化，便能明瞭爲什麼我說「義是在心頭的一股氣上」了。

但「養氣」不能只有「義」，還要配一個「道」才行。道在哪裡？「道」乃本於天賦的自然，道在大自然之間無處不在，在你我身中也本自具足，因爲道就隱藏在氣中，它是無時無地都存在的，是與生俱來的，是人人所固有的，而這個具足於一身的道，在我們身中便稱爲「性」了。

爲什麼每一個修行的人，都致力於顯現他的本性？因爲性就是一身之道，道就是造化的眞宰㉗，這本性要顯現出來，法身的造化才有一個正確的方向；性沒顯現出來，造化是造化了，但卻走在消陽長陰的那條路上，是走在成鬼成魔的那條路上。

佛家說「見性」才能成佛。意思是要啓開身中「精化㉘氣、氣化神、神還虛㉙、虛還無」等剝陰取陽的奇妙造化之前，必須先使自身的造化之性完全顯現，才不會走錯了路子。

而這「見性」兩字，正是孟子的「配義與道」。明心則有義，見性則有道，孟子的「配義與道」正是佛家「明心見性」的真理。修行最重要的是見性，不見性而行造化，那是成魔成鬼之道，不是成聖成佛之道。所以，孟子說「義」字還不夠，因此又說了一個「道」字。

「義」在於人的行持，「道」在於天的稟賦，一人一天，天人合一，乃能在色身中淨化出一股純正剛健，永恆不朽的法身來。所以，孟子說：「配義與道，無是餒也。」少了一個純正的心也養不了氣，成不了道；少了一個天賦的性，也養不了氣，成不了道。少了任何一個，這「氣」就隨著氣數的消長而慢慢地凋餒，走向輪迴不息的道路了。

如來說每個人都是佛，意思是說每個人都本自具足了這個奇妙的造化之道，

27 宇宙的主宰：自然之性。
28 轉變成……。
29 無欲無為的思想境界。

修行就是爲了要符合這個造化的中道[30]，不符合這個中道時，你一定要懂得取捨，多的要捨得拿掉，少的要去充足它，這叫「配義」。

我們的心能夠保持不二，把多餘的妄情妄識都斷然地斬掉，那當下就是「義」之所在。你看那些情識像不像我們的敵人，面對心中情識升起時，你要像關公一樣手拿大刀，一個一個把它殺個精光，這就是懂得什麼是集「義」了。

重要的是，這個「義」要中大道的節度，而不是你以爲的節度，所以說要「配道」才有用。要怎樣我們的「義」可以配到「道」？道在身中本自具足，只是被心給擾亂了而已，心若能夠時時涵養不二（在心頭一氣上超脫對待的罣礙），就有了「義」，且當下這個「義」也已經配上了「道」。

假如我們的心不能夠時時保持不二，既然沒有了「義」，當然也就不能配上「道」了，這樣「氣」就開始走向衰敗的道路了。

總之，孟子說這「集義」是心上事，這義是由心上集的，而非由外來的。聽到這兒你可能更加地疑惑，爲什麼「義」是心上事呢？爲了證明這「義」是心上事，而非身外事，因此孟子在下文緊接著講「行有不慊於心，則餒矣」，這句話就是對於前面所說的「義」到底要從哪裡集起，作了最好的批註。還好有這句話，若是少了這句話，我們就不知道這「義」要往哪兒去集了。修心養氣的學問也不知道要往哪兒去了。

【行有不慊於心，則餒矣】

「慊」就是契合。「慊」這個字，旁邊有個直心，就是指我們的本心；在右邊有個兼，兼就是把對待齊一，在心上把陰陽起落看成一樣的時候，在心上不分別取捨，不論身外做些什麼，時時刻刻契合著我的本心，就稱爲「慊」。

陰陽起落明明是兩端，但在你的心中並沒有差別，反正就是氣，來什麼就容納什麼，沒有分別取捨的，這就是「兼」。心兼就是「慊」，就是指人們不分別取

30 中庸之道。

捨的本心，一種不二的心境，佛家說「正等正覺㉛」也是一樣的意思。

做任何事情有不慊合於這個不二本心的話，氣便開始衰敗，所以說「行有不慊於心，則餒矣！」不論做了多麼有仁有義的行爲，如果不能心甘情願發自內心，不能與心頭一股溫暖的義氣相契合的話，這個「氣」依然養不起來的。因爲人的心一墮入對待取捨的時候，我們身中的陰陽就開始潰散了；人的心開始不二時，陰陽便開始準備要交合了。要分要合，要集要散，一切都是「心」在主宰的。

聖人早就發現這個「心」的絕妙之處。「氣」還沒有合之前，「心」要先合。「心」怎麼合？在心頭的氣血微微一動時，不對它有任何對待罣礙時，「心」就合了。「心」爲君、「氣」爲臣，天下只有臣跟著君走，沒有君跟著臣走，所謂「天君㉜泰然、百體從令」。「心」能夠合，周身之氣都是跟著「心」走的，也就慢慢乃交乃合了。

「心」要怎樣泰然？怎樣合一呢？孔子指示給我們「心齋㉝」的絕妙好句：「勿聽之以耳，而聽以心。勿聽之以心，而聽以氣。」意思是要我們返觀㉞自己的心，進而返觀自己心頭微微起伏的一股氣，這裡面只有氣機自在的起伏，沒有分別取捨的攀附，若能如此，周身的氣也就跟著浩然起來了，跟著長養起來了。時時返觀你心頭的一股浩然正氣，這心自然就不二了。

外在的行爲只要慊合自己這個本心，這個行就不是「義襲」，而是「集義」了，不只是集義，還配著「道」呢。有了大道做靠山，這個氣就不餒了，就得以時時長養了。

前面的「義」就在自己的心上，這兒說的「行」雖然看似在外，但行的時候慊合什麼心，卻在自己的心上，是「集義」還是「義襲」，一切以心爲分界點。

不論你做的是什麼豐功偉業，譬如在事上修、貌上修、口上修、恭敬上修等等，若不能與心頭一股剛正無妄的氣相配，行爲不慊合本心，不配合本性，這算

31 平等看待身中各種好壞感受的一種感覺。
32 心為思維器官，故稱心為天君。
33 摒除雜念，使心境虛靜純一。
34 把注意力拉回自己的身上，以便覺知自己身心的狀態。

「集義」還是「義襲」？這算「義襲」，這個氣終究是要衰敗的。

「集義」或「義襲」只在一心之隔，只在外行是否配合著一股剛正無妄的本心，只要外行與剛正的本心失聯，就是孟子所謂的「義襲」了！但平時我們常把「義襲」解釋成僞善、裝模作樣的小人，或是內心很污穢、外表很僞善的人，然而孟子的「義襲」並非這個意思，很多人根本就不知道他本身也是「義襲」的一分子。

我們總是認爲自己在做善事的時候、恭敬的時候、念經的時候……這些都是很好的事，怎麼會是「義襲」呢？我在念經的時候，一心一意專注念經，眼睛看著字，嘴巴念著字，我怎麼會叫「義襲」呢？然而「義」襲的本意，也並非專指那些小人的作爲，而是指那些遺失了內在的本心本性，卻只學此外在的花拳繡腿的人，這樣的修行方式，都是孟子所稱的「義襲」。

再談談這個「忠」字吧。修行人第一個品格便是要「忠」，但這「忠」字的眞義並不是指「跟定某人」的。不能以這個爲義。修行的唯一目標是「認理爲眞」，只有「跟著大道」走的，只有跟著本性走的，這才是「義」的根本。

凡人再優質總是有些缺點，所以若以聽從某個人爲忠，那麼他所講的每一句話，你都將照單全收，萬一有一天他講的話是錯的，是偏頗的，而此時另外一個你平常不喜歡的人所講的話卻是對的，那你要聽從誰的呢？

先聖先賢告訴我們要「認理爲眞」，但我所看到的，大半的人在這個關鍵時刻，都只有認那個他平時就喜歡的人，很少看到在關鍵時刻還能認理的呢。

凡夫之情大都是「愛之欲其生，惡之欲其死」，尊敬的人講錯的話，也想盡辦法把它美化成對的；討厭的人講對的話，也盡量把它懷疑到一無是處。大多數的人都是如此，這看起來雖是對某人很忠，然實際上都是在好惡上下功夫，在群黨上分彼此。這些行爲看起來很有「義」，然卻非大道無私之義，非本心無二之義，此刻若有人能內觀自心，會見到充滿無盡的貪嗔癡妄，這就叫做「義襲」。

「義襲」就是看起來像是義，但內心卻夾雜著貪、嗔、癡、妄，內心沒有配上大道的無私，這種義不是以大道爲主軸，這種義是個人小義，故曰「義襲」。

養浩然正氣是配「義」與「道」的，所以這「義」是無私之大義，這「道」是天地之大道，群黨分別彼我的小忠小義，怎麼配大道呢？孟子怕你誤以私恩小義為目標，故加上了個「道」字，心頭配上「義」與「道」才行呢。

再來講「集義」怎麼集？孟子用這個「集」字，就是要花點時間慢慢累積的意思。它是一丁點、一丁點存養起來的，不是馬上就看得到的，才叫「集義」。

在日常生活中，在你的起心動念間，一丁點、一丁點去累積心頭上的「義」，當人的心能夠清淨不二的時候，浩然之氣就隨時隨地在身中發生，「精化氣、氣化神、神還虛、虛還無」，就一丁點、一丁點地在進行著，好像蓋房子一樣，是一塊磚、一塊磚慢慢累積起來，這樣叫做「集義」。

心頭有了「義」之後，身中那個造化才慢慢被集起來。這個「義」也可以是前面講的「志」，前面有解釋過，持其「志」的「志」，志是什麼？「志」是人的意念的一種。哪一種？向上的那一種。向上的「志」就是「義」，一個有「義」的人，不當的意念，大刀一揮就捨掉了，也就是把向下的意念都捨掉，只留下向上的，這就是「集義」。

人的意念只要一向上，你就會發現，那個「氣」就不一樣，「氣」不一樣就是正氣在存養，在造化了，正氣開始的造化就是在「集義」了，身中陰氣慢慢消，陽氣慢慢長了。道家說三還九轉[35]煉金丹[36]，等到剝陰取陽完成了，法身也就還原了。這些事是要透過很多時間，慢慢地累積，像種一棵樹一樣，並不是一下子就完成的，所以叫「集義」。

「集義」就像集錢一樣，一塊錢一塊錢地集起來，終究也會成爲百萬富翁的。如果大家眞的把義當成錢來集的話，我相信大家就會拼了老命去「集義」了，一天集一千義，你要不要？當然要啊，而且還在日常生活中就可以集，不必放下凡事，外面的事業做了，裡面的義也賺了，不必等到老了再來修，也不是等到沒事了再來集，懂得怎麼集，時間就是我們的資本，馬上就可以進行的。

【我故曰告子未嘗知義，以其外之也】

35 道教謂丹的煉製有一至九轉之別，而以九轉為貴。
36 精化氣，氣化神；再精化氣，氣化神；再精化氣，氣化神。直至最純潔的地步。

孟子說告子不知道這「義」是在心頭上發生的，也不知道這「浩然正氣」不是靠外在的義行就可存養得來的。告子整天在外面經營，所以他根本不懂什麼是義呢。由這段話便可知道，孟子一直在向我們強調「這義是在內不在外的呀！」

爲什麼「告子未嘗知義」？因爲告子說：「不得於言，勿求於心。」告子所謂的「言」在外。照告子這句話的意思，要得到你的本心本性之前，必要先去雕飾你的言行舉止，可見告子認爲心的主宰在哪裡？在外！這與朱熹要我們於事事物物上求至善是一樣的疏失。

長此以往，豈不是叫天下所有的學子，徹底地與本心本性失聯了嗎？豈不是要天下學子都淪落爲義襲了嗎？爲了補救這個弊端，所以孟子不得不用強烈的口吻，直批告子說：「他根本就不懂什麼是義！」

爲什麼孟子常常要批判別人，原因就在於這個人講的話很能迎合人心，聽起來好像都是對的，而且信徒很多，但在關鍵處卻發生徹底的錯誤。雖然看起來錯的也不多，就幾個字而已，但這影響大不大？眞是非常的大。可以說流毒無窮，所以不妄說人的聖賢，也不得不直批呢。

一個學問眞不眞，關鍵就在於「內外」的問題而已。「非義襲而取之也」。你在外面做再多的努力，總是與身內的本心本性無關，總是與自身中的陰陽和合無關，總是與法身的剝陰取陽無關，內在的問題要由內在來解決，外在的問題要由外在來解決，養浩然之氣是身內事，不是身外事的努力可以巧飾的。

「氣」是跟著「心」來走的，身中的陰陽之氣要得到淨化，唯有你的心先淨化；身中的陰陽之氣要和合，唯有你的「心」先和合。「心」的陰陽先合了，「心」先「不二」了，氣是跟著「心」走，「氣」的陰陽就慢慢地交合了，雜氣就慢慢被剝除在外了。所以佛家說：「萬法惟心！」一切的關鍵就在這心呀。當然這個義所指的也是這個心呀。

前面是不是有講「志壹動氣」嘛。「壹」就是合了，心不二了，對待合而爲一，無二無別了，這氣就開始走向另一條造化之路。怎麼造化？由分而合了，由雜而精了，這個法身內的造化開始動起來了。

如果在心中仍存有對待的情況下，去運行造化，那麼「心」先分了、先雜了，「氣」再怎麼造化也不能純。「心」有了污染，「氣」再怎麼造化也是往污染的路上去走的。這是輪迴的路，不是回天的路，回天的路是萬殊歸於一本的，是陰陽和合的。分與合的根本在哪呢？就在「心」呀。

什麼樣的「心」才能使陰陽重新和合？這就是千經萬典說不破的三教[37]心法所在了。此「心」若能於黃庭竅內的氣機起伏變化皆無分別取捨，「氣」就往和合的方向去造化了。這只是觀念上的一個轉變而已，卻足以啓開見性之門。

◎解脫煩惱與性理心法的關鍵點

在起心動念間往心頭靈台內觀，觀什麼？就是觀氣。觀察好惡分別時，心頭內的一丁點氣機起伏變化（俗稱感覺，或情緒）的眞相，便是開啓明心見性之門的第一步了。

例如：兩小無猜在談戀愛，感覺對味了，心就戀愛了，感覺不對味，強迫也合不來的。所以，感覺就是一切，感覺就是心情，心情就是「心」的好惡，我們內心的好惡取捨，幾乎完全受到感覺來左右的，所以我們簡直可以說「感覺就是你的心」。

感覺其實是一股氣的形態所造成的。情侶說：「有股暖流流過我的心窩！」這股流動的氣營造出一股戀愛的好感覺；或說：「他這話令我的心好寒！」這股氣馬上又讓他的心降到了冰點。

這氣微微起伏的運作形態，造成一個人內在的感受截然不同，可謂天堂也是感受所造，地獄也是感受所造。這氣的微微變化營造出感受，而感受影響著心的好惡，所以我的先師曾說：「心即是氣，氣即是心，無二無別！」眞是沒有一番徹底覺悟自身的人，說不出這樣的話來啊。短短的一句話，給了我莫大的啓發，你千萬別輕易讀過才好啊。

人們的心情常被胸中一點點氣的起伏所影響，所以心頭的氣有所起伏變化時，我們的心就開始分別好壞，就開始喜歡不喜歡，開始取捨……人類的嗔愛與

37 指的是儒、佛、道三家。

煩惱於是便在心頭一方寸間上演。

想想看：每當你有很多煩悶心情掛心頭的時候，或是憤怒、憂鬱的心情掛心頭的時候，是不是胸中都充滿著一股股的氣血在作祟？然而，氣血本無這些意義存在，氣血只是自在的起伏而已，時而凝聚，時而消散，如此而已；它在身中的眞相，也只不過是微量的一丁點感受而已，然而我們卻對它產生很大的誤解與迷惘。

所以，走出煩惱的唯一路徑，便是要對胸中的氣血重新加以認識，讓胸中的氣血恢復本無意義的暢然原貌，不使我們的好惡在氣血上攀附助長，人們便得以從情緒中得到解脫、得到自在。從此之後，那清明的心不再爲滿腔氣血而煩惱掛懷，這就是孟子所謂「不動心」的眞意。

那麼你會問：如何讓這氣血能恢復本來自在的原貌呢？其實只要觀察它、覺知它，把加在氣上的妄知妄見去除，把加在氣上的聲音影像也去除，最後就只剩下氣血流動時微微的一丁點感覺而已，霎時煩惱的意義好像都不見了，你將體驗到立即從氣血中得到解脫的法喜㊳與自在。

例如「鬱卒」、「煩悶」等等心情，都在某種氣血上加上嗔厭的知見後而形成的，因此想要由這種心情中解脫出來，就得學習如何觀察氣血的「無相」。透過觀察，把這嗔厭抵抗的心情從氣血上拿掉，先把鬱卒、煩悶的意義從氣血上拿掉，讓它回復到原本無意義的本貌來，才能品嘗到解脫的眞味。

如何能拿得掉氣上所攀附的相？就是「觀察眞相」而已。往內觀察胸中當下眞實的發生，眞相中無鬱卒，眞相中無煩悶，眞相可以解脫煩惱，見到氣機自在起伏的眞相，就見到暢然，就見到眞性。

古聖先賢把這個觀察心源，而獲致心性自在解脫的學問叫「內觀」，或叫「迴光返照[39]」。這學問的目的就是爲了引導大家因照見本性而解脫無盡的煩惱罣礙。

38 聞見、參悟佛法而產生的喜悅。
39 反省內心。在修行經典上，迴光指把往外的注意力收回到自身；返照則指不斷檢驗自身的身心現況。

一個失戀的人，每當胸中又泛起那個熟悉的感覺的時候，氣血越大，思念的情緒也就越強，就會越渴望再見到那美麗的倩影，此刻若想起她早就移情別戀了，這時胸中立即又泛起另一股熱血，而加深了你痛恨、憤怒的敵意。這種情緒常常令你煩惱不已。其實這一切的心情，都是氣血在主演而已。少了那股氣血，什麼情緒也不存在。

那麼，一個人要如何在氣血升起的當下得到解脫呢？首先，必須要透過返觀，覺知你的煩惱、你的思念原來是攀附在這股氣血上的戲碼而已，仔細地觀察這個事實，再盯著微微起伏的氣血仔細觀察，看清它的微量，看清它的流暢，看清它的溫度，看清它的一切眞相。

把攀附在氣血上的影像拿掉、意義拿掉、把嗔愛拿掉、把抵抗也拿掉……就只剩下那個氣血應有生滅起伏的感覺而已，其他什麼也不存在。這是清眞[40]，這是純淨，這是一塵不染，這是「本來無一物」……若能觀到這裡，煩惱當下得到解脫。

要進入這個學問，每個人都得經歷一段時間的觀察。觀察什麼？觀察心頭一竅內的眞相。耶穌說：「眞相可以解脫煩惱！」能否返觀自心的眞相，它攸關著人們煩惱與解脫的關鍵。

怎麼觀察？舉個例子，我們常在馬路上看到一種超大螢光幕的廣告，假設裡面有一張很性感的圖片，看起來讓人體溫上升，因此很吸引人，對不對？然而你所看到的圖相並非眞實，它只是一種假相，它是由一顆顆的小燈泡裡所投射出來一小束、一小束的光線所集合而成的而已。

如果把其他的部分遮掉，只留下一小顆的燈泡來看它的眞相，你就會發現它只是顏色不斷變化、一閃一閃的小燈泡而已，原來是這一小束的光線在欺騙眾人的感情啊。

看到這個眞相，身體的溫度已經下降了。然而如果你把那些遮掉的部分再掀開，你馬上又被妄相所侵襲，你身中的溫度又再次升高了。這就是眞相與妄相的差別。

但可別誤會，我要你拿著放大鏡，去看看那些俊男美女，在顯微鏡下原來都只是碳水化合物所組成的而已。這不管用的，當顯微鏡拿開時，那個嗔愛依然在你胸中呈現。問題不在外，而是在你的胸中。

一切的貪嗔迷惘都只在我們的胸中上演，所以與其觀察外物的眞相，爲何不回過頭來觀察心頭一方寸內的眞相呢。

胸膛就像這螢光幕一樣，我們常常被在胸中上演的氣血迷得神魂顚倒，也很習慣地把這簡單的氣血起伏，配上聲音、畫面、甚至意義，來令自己久久不能自已。所以說胸膛是一個迷魂陣一點也不爲過。

我們把胸中的一丁點發生，當成天大的事來處理，把胸膛當成情緒的戰場，當成是我的貪、我的嗔、我的煩惱、我的心情、我的一切。然而這並非事實，這只是一種未曾思考與觀察的誤解。

如何走出胸中這個迷魂陣的誤解呢？這可不是靠理論的說明就能達到的。你必須細細地觀察。盯住它看，仔細地去體驗這個迷魂陣的眞實面貌，去看出它本來未攀附聲音、影像、意義、貪嗔之前的原始眞相，無盡的迷惘與煩惱立即獲得解脫。

如果你現在很鬱卒，那個難過在哪兒呢？仔細觀察你胸口的一小撮，哦！原來是這兒有個緊緊、沉沉、密密麻麻的感覺（也是氣的一種形態）存在的緣故，它若隱若現，原來是它讓你覺得不舒服。

此時你應當放鬆肩膀，盯住這一小撮的感覺，仔細地覺知它的原味，它只是一丁點細細麻麻，它只是比平常多一丁點的緊、一丁點的熱而已。它很活躍，也很流暢，它實際上不代表什麼難過，它其實很微弱、很自在，而你對它產生了一連串的誤解。

也許你一直不喜歡這一丁點感覺，因爲它讓你感覺到很痛苦，然而仔細地觀察，其實它只是一丁點的緊、一丁點的熱，它根本毫無威力，原來可以這麼輕鬆地面對它。原來在動盪的氣血中，可以如此地自在，如此地沒有煩惱。

以上我所說的這段話，沒有眞正進入內觀心源的人，是無法體驗的。

爲什麼三教聖人都提倡「內觀」？提倡「觀自在」？提倡「返觀覺照[41]」？目

的就是請你看清楚黃庭一竅內的眞相。這麼無盡的貪嗔癡愛是什麼組成的？喔，原來是黃庭一竅內一丁點氣血的感覺在騙人呀。它只是單純的一丁點起伏而已，非常單純，哪來什麼貪、嗔、癡、愛等意義的糾纏呢。

現在你終於瞭解，爲什麼我要大力提倡「黃庭禪」了嗎？因爲沒有透過觀察黃庭一竅內的眞相，煩惱便不知在哪兒發生，解脫也無處可以入手了。常有學生說「我看不到」，或說「看不清楚」，這種情況只要專注地練習兩、三個星期，等到覺知力提升之後，馬上會有所改善的。

平日要怎麼練習內觀心頭呢？一開始在培養覺知力的過程時，你可以任意盯住身中某個一小塊範圍，去覺知其內部的一丁點感受變化。像是一個巴掌大的範圍，或像一個銅板大的範圍，在手腳四肢來回觀察，以培養覺知感受的能力。

專注地觀察這個區域內所有的感受，像是熱熱的、冷冷的、細細麻麻的、像脈搏的、酸酸的、痛痛的……等等，這些都是你要觀察的目標。

觀察它的一丁點感覺、它的活躍、它的變化、它的自在流暢、它的不含任何意義、它的本無煩惱！（四肢中的感受本無煩惱，煩惱只在胸口內黃庭一竅的感受中發生。）

專注在一個小範圍內培養覺知力，一段時間後你就會發現感覺敏銳了，最後再集中火力，專注地觀察情緒的戰場——胸膛。

每個人身中時時刻刻都充滿著感覺，只是感覺一上了胸膛，便已充滿著情識，而人們只是不懂得怎麼把胸膛氣血上的情識去除下來而已。因爲你已習慣胸中一有起伏，全都是情緒，全都是不能自已，對吧？其實要從正在胸中升起的情緒中解脫出來很簡單的，只要盯住心頭一方寸的小範圍來覺知它的實相就行了。

好比方才所說的螢幕上，播放一個很誘人的畫面出來，人物在裡面晃來晃去，當然你是很難不被迷惑。但是如果你只盯著其中一小塊燈泡看，看清這每一小塊閃閃爍爍的眞相，所有的迷惑就都解決了。

內觀的妙用在哪裡？就在不能自已的當下，馬上集中注意力，觀察胸中所發生的改變的眞相。若是你不能確定是否胸膛才是問題的關鍵，那麼你可以一直換地方觀察，在肢體上一小塊、一小塊的覺知，全身上下無論哪裡都可以觀察。

但最後你會發現，唯有你的胸腔才是所有煩惱的關鍵所在。這裡是全身氣機的感應中樞，它是全身充滿最多感覺的地方，一切的情感都由這裡發出。是這些在胸中不斷來來去去的氣血感覺，使你煩惱不已，使你欲清靜而不得清靜。三千年前的老子，把這個地方稱爲「黃庭」。

在情識煩惱來襲的時候，通常你會感到胸中有像拳頭這麼大一團卡在那兒，或在那兒起伏、激盪，你要馬上收回外在的注意力，專注在胸中像拳頭大小的範圍仔細觀察。去感覺看看，若覺得觀察不到那地方的感覺，可以用手指重壓一下胸口，讓感覺擴大，以便來讓你觀察。

觀察到胸口的感受後，把自己的胸膛想像成方才的螢幕，不要看整個螢幕，初學時要縮小範圍，仔細去覺知那一小塊、一小塊的小感受，特別是胸口正中黃庭一方寸內的感受眞相。不要習慣看整個螢幕，那會被情緒給騙了，要學習在亂陣之中，抓住其中的一小點來觀察，看清這一小點的實相，情識馬上得以去除，所剩下的，就是那清明的覺知，那不分別、不取捨的不二本心了。

還記得那個「義」字嗎？「義」就是要把不當存在的立即砍斷，在貪最重的那個當下，透過返觀，從心頭起伏的氣血上，斷然地把情識妄想卸除下來，讓那不二的本心呈現出來，讓那良心出頭，那就是懂得在心上「集義」了。

不論在生活上做什麼卑微的事，或什麼豐功偉業的事，隨時都保持這樣實相的覺知，不要被攀附在氣上的那個卑微感給欺騙了，也不要被攀附在氣上的那個高尚感給欺騙了，懷著實相的眞知去行你的作爲，這才叫做「慊於心」。是慊於那個不分別、不取捨、無貪無嗔的不二本心，而不要慊於那些慣有情識的心。

如果外在行著極有義理的作爲，但在胸口的氣血上卻攀附著那個自以爲善、自以爲好、自以爲豐功偉業的好惡情識，就是孟子所說「行有不慊於心，則餒矣。」外表雖然是道貌岸然，豐功偉業，但浩然之氣還是衰敗了。這種修爲無法養出金剛法身的。

所以，孟子才會說「告子未嘗知義，以其外之也」。告子他沒有弄清楚修行的根本是在心內，卻不斷地往外在事貌功業上去努力了。

「集義」就是當捨則捨，當留則留，是情識的都得捨去，是本性的都得留下，不瞎混的。如果你不懂得分辨這個內外本末，就不知道什麼當捨，什麼當取，到最後也就只有越修越迷糊而已。

現在所謂的哲學家，很多人就不知道什麼是「義」。所以凡事辯論到最後只有一個結論，就是「各方說法不同」或「尊重各自的看法」，完全沒有眞理，只剩下一個「各有各的不同」的油腔滑調。問他什麼是本性中的眞理，答案還是一個「各人見解不同」。請問：可以不同還有眞理可言嗎？

沒錯。世上有些事情是可以各有不同。這幅畫這樣畫也可以，那樣畫也可以，各有各的美。但是，有些永遠不變的事情，是只有一個答案的（例如本性即是）。一旦觀念錯誤，對後世的影響是非常大的。這種情況就由不得你用「各方說法不同」這種油腔滑調的說詞瞎混過去了。

「義」的重點就是在「取捨」這兩個字，生活與人相處上必須有這個「義」，起心動念上更要有這個「義」，才能養起這股浩然之氣來，這個「義」是很重要的。

但這個「義」有內外之分，孟子批告子說「以其外之也」，告子只知外面的「義」，卻失去了內裡的根本。既然根本沒了，外面的「義」還叫「義」嗎？叫「義襲」了。

◎不動心的關鍵

經過以上的分析，我將孟子之所以寫這段文章所要表達的幾個重點做了歸類：

（一）我們的心深深地被氣所影響。要淨化你的心、要解脫你的煩惱，這事與「養氣」是大有關係的。

（二）而養浩然之氣的訣竅在「集義」兩字。

（三）集義在內不在外，集義是在心上起心動念間存養起來的，是集心上的一股浩然的感覺，不是外在作爲可以巧飾的。

講了這麼多，其實就是爲了讓你更加確定這三個事實而已。接下來孟子的論述，更是最重點的部分了，因爲它就是孟子道出「如何在心上集義」、「如何從內心中去除無盡煩惱罣礙」、「如何淨化我的心靈」的眞實功夫了。

7「觀自在」心法的訣竅

原文

必有事焉而勿正，心勿忘，勿助長也。

經過以上這麼長的說明，看到這段話，你可別忘了《孟子》這段文章的重點是在內？還是在外呢？我相信你已清晰地記得，《孟子》這段「集義」的學問，其根本是在內的。

所以，我們不可以再將這段話中的任何字，往身外去解釋。這段話的每一個字，指的都是「心內」事呀。

【必有事焉】

既然是這樣，那麼這個「事」字指的是心上的什麼呢？它指的就是不斷在心頭上變化的一股氣而已。這股氣不斷地在我們的胸中變化，造成我們的性情、造成我們的感覺，所以叫「有事」。

「必有事焉」是什麼意思？這「心」是全身最精密的感應器，它接受六根的感應，時時都在方寸之地起微量的變化，在你有生之年，這個自然的現象不可能有一分鐘是停止的，就好像我們的心臟在有生之年不可能靜靜不動是一樣的，方寸中的感受變化永遠不停地升起，不可能停的，這就是「必有事焉」。

生活也是事，人生有起有落、有得有失、有行有止，這些都是事；感覺也是事，有時冷、有時熱、有時平靜、有時動盪；起心動念也是事，心思有正有邪、有善有惡、有情緒、有感動，這些也是事。身中的陰陽造化也是事，陰陽有分有合、有消有長，有起有落，這些也都是事。總之，舉凡會讓你有感覺、有變化或有罣礙的，我們都可以稱爲「事」。

《中庸》說：「道也者，不可須臾離也；可離，非道也。」自身之道、自身的陰陽二氣，是一剎那都不可能離得開的，它就在你日常生活的每一分、每一秒間，不斷地陪伴著你。就好像我們的呼吸一樣，你絕不會說：「我現在很忙，先停十分鐘，等會兒我再呼吸。」沒有這一回事的。

在任何時刻，不管你做事情也好，睡覺也好，還是得呼吸。在動靜間，在任何時刻，這些發生都會在你身中產生某些感受，不斷地在交替變化著，你永遠都在經歷各種喜悅、或惱人、或平靜的感受，身中氣機生生滅滅的種種感受是不可能停止的，所以說「必有事焉」。

「必有事焉」是孟子告訴我們說，眞道非離事而外求的，眞道不是等心裡毫無念頭、身中毫無變化、毫無感覺、外在無事一身輕時而求到的。一身之道是「必有事焉」的，是有思考的、有情緒的、有喜怒哀樂的、有消長、有生滅、有造化中求來的。

「集義」是在必有事焉裡面集來的，是在任何境遇裡面集來的，是時時地去「集義」，而不是等到某個清清靜靜的時機才去「集義」，也不是等待什麼轟轟烈烈的事情發生才去集的，「集義」是在身內身外都有事焉的情況下，便存養來的。

你看《易經》困卦的卦辭：「困：亨，貞㊷，大人吉。」困為什麼還會亨？困有沒有事？當然很多事，很多不如意的事。這麼多不如意的事怎麼還會亨？還會吉呢？只有一種人才能亨，才能吉，就是「大人」。

什麼是大人？心量廣大，見識開闊的人叫「大人」。這種人不論身外多少境遇，身內多少激盪，氣血起伏多大，他都無罣於懷，任其自來自去，不攀附一點個人的貪、嗔、癡、愛，所以亨，所以吉。

有一種人不亨，小人的心比針眼的孔還小，一點小事就哀聲歎氣，一點感受就愁眉苦臉，怎麼亨？亨不起來。大人宰相肚裡能撐船，那些小事情哪能夠阻礙得了他，到哪裡都亨，受困的不得了，人家都還可以亨呢。

孟子說「有事」，不一定是困，但當然包含困的境遇。所有的境遇裡面，都能夠取捨自在，都能夠時時地「集義」，就像《中庸》說：「素富貴，行乎富貴；素貧賤，行乎貧賤；素夷狄，行乎夷狄；素患難，行乎患難」。

富貴的時候，就行富貴的道。人家賑災捐兩億，行什麼道？行富貴的道；我貧賤行什麼道？行貧賤的道，有錢的人出錢，我沒錢總可以出力，這就是貧賤的道。

大多數的人都在行「吃味」的道，人家捐兩億你卻說：「那還不夠！」其實這已經不簡單了。上輩子人家積好多福報，這輩子又捐兩億，哪是我們比得上的。如果一點祝福都不肯給，眞是心眼比針孔還小。

貧賤可以行什麼道？祝福人家的道啊。你有沒有發現我們很少祝福人家，有這個美德的人很少，捨不得啦。以前學生裡面很多人拿觀察的「起心動念日表」給我看看對不對，什麼念頭我都看過，但我從沒看過有人寫「祝福」別人的，一個都沒有。這種美德眞是很少人發自內心擁有的。

看到一個帥哥送花給你的同事，有沒有「我好祝福他們喔！願他們世世恩愛」的聲音在心裡由衷地升起？沒這回事的，我們連不用花半毛錢的祝福都不願意。我們會說：「囂張沒有落魄的久，祝你們早日分手！」對不對？這種人不只

42「亨」，亨通。「貞」，固守貞正。

貧，而且心眼小，老是行「吃味」的道。這怎麼「集義」？

古人不是這樣，貧賤的時候要行貧賤的道，雖然在貧賤的時候，不當有的念頭依然斷然捨掉，這個人就有了「志氣」了，就懂「集義」了。

患難時行患難的道，患難之時能行什麼道？患難若只關係你一身的安危，那你就得行逃跑的道。患難若已關係到你的主人安危，這時候你應當護持著你的主人去行逃跑的道。你說：「我是個頂天立地的英雄怎麼可以逃？」那你便是不懂什麼叫患難的道，有了無妄之災還不逃嗎？患難有患難的道，怕什麼？

夷狄行夷狄的道，入境隨俗，他們都刺青紋鼻，你還穿西裝入叢林嗎？

懂得因時制宜，這也是「必有事焉」。懂得內外的必有事焉，就是「道在日常生活中」了，在日常動靜間能夠抱道不離，就是懂得在心性裡面「集義」了。

【而勿正】

「勿正」就是不要矯枉過正，順乎本性的自然，不假任何人爲的力量去造作經營一個我所喜歡的感受，就是勿正。佛家有一個名詞叫「淨相」，指的就是矯枉過正的執著。

每個修行人天天都在求一個「正」字，正了半天結果「過正」，弄得一身是執著，這反而是一種更嚴重的病，所以孟子才要提醒我們「勿正」，就是「順乎本性的自然，不要矯枉過正」的意思。

如隨地吐痰這件事，有些人很有公德心，一輩子也不會亂吐一口痰，這實在是非常難得，但他看到別人吐痰時，會氣得臉都紅了、眼都斜了，恨不得給對方難看。沒有容忍小過錯的雅量，內心貪嗔好惡不斷地湧現，還自以爲很有正義，這種「正」是一種矯枉過正的正，本身也是不正的一種。所以，孟子說「勿正」。

還有一種人以爲身中毫無感受升起時才是靜，每當一有感受從身中自然起伏，便無法定下心神，他整天都在想辦法，要把那些他認爲不快的感受弄走，或靜坐時一有念頭升起，便想辦法把腦子弄得空空洞洞的，但努力了幾十年還是沒有成功，這都是不懂什麼是「必有事焉」，也都犯了「勿正」的戒訓。

【心勿忘】

什麼是「忘」？上帝創造給你一個心，給你思考、給你感覺、給你體會用的，但你卻以爲硬要把它弄得空空的，什麼都不能有，才叫做「靜」。這就是孟子所謂的「忘」。什麼叫「勿忘」？本心裡面的虛靈不昧㊸，靈敏的知覺，氣血自在的起伏，隨其自然的呈現，只要不攀附便是。

常有人說他在往內觀察的時候，覺察不到任何感覺，這是騙人的！事實上，硬是叫你故意去忘，你也很難成功的。內在的發生是必有事焉的，氣血的起起伏伏隨時都有的，只是有沒有攀附妄念而已，不是沒有任何感覺，不是沒有任何念頭，任何一分一秒間都充滿著虛靈不昧的。

你如何知道你沒有任何念頭呢？當你去覺知自己有沒有感覺，有沒有念頭的時候，這個覺知本身就是一種念頭、一種感覺了。所以說不能忘，也無法忘，發自本性的虛靈不昧，不要故意去忘。忘也忘不了，反而成爲一種病。

人們身中的陰陽在造化的時候，必有一些生滅起伏等感受在身中發生，因此在你的胸中會有一些「心情」跟著升起，這是很自然的，你不要刻意去把它弄得很呆板、很呆滯，以爲沒有感覺，沒有思考，這樣叫做「靜」。你不需要如此，如此便是「頑空[44]」，便是「忘」。

你可不要走錯路，看經典上說要靜、要空，結果自己坐在那裡一直想靜、想空。像我以前就是這樣，想那個空，一直想，希望把頭腦裡面弄得一片空白，弄得連一點點感覺都沒有了，想得一片黑黑的，但是黑黑的裡面還是有一個「黑」存在。哪來的空？想想也沒空，而且黑裡面偶爾還會有一條條的閃電，不然就是浮出一閃一閃的影像，挺擾人的。很多人和我一樣，初學定靜一開始都走入這個死胡同，這就是「忘」的病。

想要學得眞靜，想要學得不動心，想要學得解脫所有的煩惱束縛，你必須要

---

43 本性在沒有心念束縛的狀態下，得以顯現自由自在的本貌。

44 把「空」字誤認為沒有思想、沒有情感、沒有作為，以為如此枯木死灰就是修行的最高層次，致使修行變成對人類社會毫無助益，也讓自己遠離人性自然的毛病。

調整努力的方向，本性中的虛靈不昧是應該存在的。氣血的自在起伏也是自然現象，清明的覺知、思考亦是本性所具足，什麼都空空的還叫什麼智慧，叫什麼正覺。靈敏的覺知讓它存在，氣血的起伏讓它存在，本性中的功能有什麼罪？讓它存在，往內觀照時，身中是清明而熱鬧的，這叫做「勿忘」。

【勿助長也】

什麼是「助」？舉凡可以觸動心靈更深捆綁的因素都可以稱爲「助」。例如：當遇到一點點不如意的事，心頭產生微微的化學變化，你就說：「我好難過！好難過！」其實也沒什麼事，只是被開罰單而已，但卻痛苦得翻來覆去，你越是在意，胸中的氣血就越大，也就越痛苦，這就是「助」。其實也只是胸中的一丁點感覺而已，但是你卻把它誇張到「哇！好大、好嚴重！」這些都是你自己加來的，是你助長出來的。

什麼是「勿助」？假如你能對著胸中的那一丁點感覺，能夠不加文字、不加聲音、不加影像的話，只是看著那一點點的物理變化在生生滅滅，好比拿著顯微鏡在看那個螢光幕一樣，只是一個一個閃爍的燈泡而已嘛。維持它的原貌，不需要忘，但也不要用貪嗔的情識去助長它，就是這樣，它沒有絲毫威力，何必痛苦得翻來翻去呢。這就是所謂的「勿助」。

從情緒上來說，在已發的氣血中加上情識，這時情緒的力量將大爲提高，煩惱罣礙相形加深，這就是「助」。

如果從內在精化氣、氣化神的功夫方面來說，吐納導引去推波助瀾就是所謂的「助」。

初學靜坐，會教你深深地吸幾口氣到丹田[45]，要你導引一下、推一下，但那是一下子而已，如果你打坐兩個小時都這樣推呢？你試試看，起來包準會暈頭轉向，快要送醫院了。這就是去造作本性的關係。

45 指人體臍下一寸半或三寸的地方。

人的力量強不過天，你要將你身中的造化交給你來引導好，還是交給天好呢？交給天吧。如何交給天？你只要不對它干涉助長，一切順其自然，那就是交給天了。不要刻意把它弄得毫無感覺，或者是把一丁點感覺想得很大、很嚴重，或一直吐納導引，這都叫做人意的造作，人意不得安穩，交給天，就自然安穩了。

孟子講浩然之氣，就是靠一個「勿助勿忘」的本性自在；《心經》的第一句話也是「觀自在」，眞是英雄所見略同啊。

8 養氣，順其自然

原文

無若宋人然，宋人有閔其苗之不長而揠之者，芒芒然歸，謂其人曰：「今日病矣！予助苗長矣！」其子趨而往視之，苗則槁矣！天下之不助苗長者寡矣。以爲無益而舍之者，不耘苗者也。助之長者，揠苗者也；非徒無益，而又害之。

「無若宋人然，宋人有閔其苗之不長而揠之者」

（「閔」是憂愁的樣子，「揠」是用力拔高。）

譯 有一個宋人他看著田裡的苗長得很慢，看得發愁，啊！這苗怎麼還不長呢？後來他想到了一個自以為聰明的辦法，就是到田裡用手把苗拔高了三寸。

「芒芒然歸，謂其人曰：『今日病矣！予助苗長矣！』」

（「病」在這裡指的是過度操勞的意思。）

譯 他拔得好累才回家，跟他的家人說：「我今日好累哦！我好不容易把那個苗拔高三寸呢！」

「其子趨而往視之，苗則槁矣！天下之不助苗長者寡矣！」

譯 他的兒子當然很高興，一夕之間長三寸，明天再拔三寸還得了，便很高興跑去看，結果苗都已經枯死掉了。天底下可以免除「揠苗助長」之害的人實在是很少的。

【天下之不助苗長者寡矣】

懂得順其自然是最好的，因爲老天爺已經在本性中做了最好的安排了，但懂這個道理的人很少，你會發現百分之八、九十的人都走在「揠苗助長」的這條路上，他們打坐兩個小時，一直在想辦法要把氣納入丹田，一直壓、一直灌，到最後頭暈腦脹、臉色蒼白，胸中一把火，然後過幾天他就說：「唉呀，這不能修，修行眞是苦啊。」

我們今天讀《孟子》的這一篇，用意就是要告訴我們，如何養浩然正氣？養浩然正氣所依靠的就是「集義」，集義不在外，你不要在大門上，這邊貼個「忠」，那邊貼個「義」，這樣還是沒有用的，即使貼一百個也沒用，「集義」是在裡面集。裡面怎麼集？「配義與道」則浩然正氣就慢慢長養了。

又說「不慊於心，則餒矣」。這「義」是在心上的，我們的心要不二，心不二的時候，使我們的每一粒細胞裡面都藏著眞氣，那個氣就自然地交合長養了。要讓它自然地交合長養，自然地轉動法輪，而不是靠你的人意㊻造作導引，這樣反而會適得其反。

46 人的意願、情緒。

【以為無益而舍之者，不耘苗者也】

「以為無益而舍之者，不耘苗者也。助之長者，揠苗者也；非徒無益，而又害之。」

這是兩種截然不同的人，先講前一種人「以爲無益而舍之者，不耘苗者也。」這種人以爲這樣做沒有任何利益，所以既不耕耘，也不除草，他認爲養浩然正氣根本沒有用，他以爲無益而竟舍之。或說：「種在那裡那麼久，都沒有看到它長大，乾脆不要種了，不要養了，不要集了，丟了算了。」「你看，那個人已經修三年了，長得還是跟我一樣，一點也沒有仙風道骨的樣子，也不會法術，也不能呼風喚雨，這樣看來修行還是沒有什麼用，不要修了！」或是說：「我已經修了三個月了，怎麼毫無感覺，算了吧。」他以爲無益就把它捨了。像這種人都是「不耘苗者也」。

所有不耘苗的人，都是因爲不能看到立即的效益；而養氣之所以很難有立即效益的原因，是因爲「養」這個字。「養」是慢慢來的，慢慢集起來的。

譬如你今天養一個小孩，明天看、後天看，總是覺得沒有變，但是如果你三年不看，忽然有一天看到他，你就會感歎地說：「唉呀，長這麼大了。眞是歲月催人老呀。」久不注意，你就會發覺其中差別，但天天看就沒感覺。所以，你在打坐練功的時候心裡想著：「希望今天會有好大的進步。」這個就是不懂得什麼叫「養」，不懂什麼叫「集」。養與集都是要依照自然的速度，慢慢累積的。

【助之長者，揠苗者也；非徒無益，而又害之】

第二種人是「助之長者，揠苗者也；非徒無益，而又害之。」這種是揠苗助長的人，他知道養氣有莫大的益處，但卻用了一個急躁的方法，一個違反自然的方法，這不只是沒有益處，而且還會傷害到這個苗。

所以呢，如果今天你一直吐納導引、憋氣強灌，有沒有用？這是「助長」，沒有用，要順其自然。要怎麼順其自然？就是「氣當順則順，氣當亂則亂」。很多人說「氣」這麼亂自然是要想辦法把它撫平，怎麼任其自亂呢？

「氣」的紊亂如果是妄念而起，只要把妄念放下，「氣」就自然會回歸於順了；但如果「氣」的紊亂是由於個人體質或造化而起，即使毫無妄念，「氣」還是照樣亂成一團。

這個「氣」又爲什麼會亂呢？所謂亂，指的是它運動的頻律比較高，它的變化呈現不規則，但規不規則又豈是你能夠判斷的。規則是誰定的？是天來定的。老天爺說你今天的身體狀況，「氣」要這樣的運動方式對你是最有益的，或是你的修煉程度到這兒，自然會呈現出這種造化，所以祂讓氣以這樣的方式在你身中造化，祂派了大批的盟軍來了，而你卻說它是「亂」，是你把寶玉看成石頭，把黃金當成馬屎。眞是有眼無珠。

什麼叫「亂」？你的妄念造作出來的就叫「亂」，但只要妄念一轉，往內一觀，亂自然靜了。但若是體質，或功夫所造成的造化使然，那麼「亂就讓它亂吧。」靜靜地看著這個亂在身中自在地發生，這個「亂」已經不叫「亂」了，那也叫「靜」。

可是你卻一直說它是「亂」，然後一直想把它撫平，吸氣、吐氣，每天打坐十分鐘後你都做這件事，是不是？所以眞的很多人聽不懂我講這句話：「亂就讓它亂吧。」其實這才是眞靜呢。

還記得前面有這麼一段原文嗎？「敢問夫子惡乎長？」曰：「我知言，我善養吾浩然之氣。」公孫醜問孟子：「師父您與告子的學問有什麼差別？」孟子答：「我知言，並且我善養我的浩然之氣。」那言外之意是什麼？是在暗指告子不知言。又說：「我善養吾浩然之氣。」言外之意也是在說告子不懂得怎麼養浩然之氣。

很奇怪的是，爲什麼孟子把「言」跟「浩然之氣」這風馬牛不相及的兩回事，湊在一塊兒講呢？「言」就是代表說話，代表肢體語言，怎麼會與浩然之氣相提並論呢？這很値得研究。

9 自古聖賢一條心，人性眞理只一個

原文

「何謂知言？」

曰：「詖[47]辭知其所蔽；淫辭知其所陷；邪辭知其所離；遁辭知其所窮。生於其心，害於其事；發於其事，害於其政；聖人復起，必從吾言矣。」

這段文章出現在《孟子公孫丑（上）》，談到「不動心」的章節裡。在這段文章之前，孟子先是提到「我知言，我善養吾浩然之氣。」在解說了如何養浩然之氣之後，接著再補充了這段知言的說明。爲什麼孟子談浩然正氣，要先提到「知言」這個主題呢？可見這個「言」字，對於能否養得起浩然正氣的關係非常重大，故而孟子要特別加以申論。

什麼是眞正的「言」呢？「言」者「心聲」也。對自己內心所發出的聲音，

不論是好是壞，是正是邪，都瞭如指掌，叫做「知言」。「知言」就是瞭解自己當下的存心❹❽是正是邪，進而有機會掃除心內的無明，走向光明正大純潔無瑕的坦途。

有個很好的例子，可以突顯「知言」的重要性。美國曾經針對八千多位中學生做了一項心理測驗及調查，這些受訪的學生裡面，百分之七十一的學生作弊過，百分之六十八的學生常打架，百分之三十五的學生在商店裡偷過東西。而品德測驗的結果，卻有百分之九十六的孩子，覺得自己的品德良好。在這個活生生的例子裡面，可以看到這些孩子對於自己內心時常發生的不淨心思，簡直可以說是毫無所知。如此一來這些孩子還有進步的空間嗎？因此「知言」的功夫對於一個人的人格發展是非常重要的，而這也正是佛家「明心」的基礎功夫之一。

然而孟子所謂的「知言」，指的不只是觀照出自己的心聲與習性，也包括能

47 詖，音ㄅㄧˋ，指偏頗、不公正。
48 當下存在的心念模式。

體察出他人的心聲與習性。《道德經》說「知人者智，自知者明」，不能知自己的言，簡直就是無明，豈能修得了自身；不能知別人的言，也就無法辨別是非曲直，豈有智慧可言。例如從一個人說的話、做的事，便可以知道誰好誰壞、誰忠誰奸，也可以知道誰在收買你、吹捧你、誰在貶損你、抵制你、誰是君子群而不黨、誰是小人黨而不群、誰是益者三友、誰是損者三友㊾……分辨得出這些是非曲直，凡事清楚明白，這才是智慧。佛家所說的智慧，便是孟子的「知言」的效應。

這個「言」字不只代表心思，當然也包括語言、舉止、行爲在內。例如一個眼神也是言，當你說了一句話，惹得一個人怒眼瞪著你，這眼神也已經明確地表示出他不喜歡你的心聲了。然而他的嘴巴卻說：「沒有啊，我哪有不喜歡你！」然而明眼人一看便知到他的內心根本不喜歡你。這個內心的想法透過他的眼神，早就表露無遺了，任他嘴巴再怎麼說喜歡你，此刻已經變得毫無意義了。

所以從根本處來說，眞正的「言」不是在他說什麼話，也不是在他的眼神、也不是在他的動作，眞正的言只發生在一個人的「內心」。在他未說話，未動作之前，這個聲音就已經先在他的內心迴盪已久了。一切的「言」都是發自內心，心裡面的聲音、感受、念頭，才是眞正的「言」。

公孫醜問孟子什麼是「知言」？孟子用下面這段文章來解釋「知言」。曰：「詖辭知其所蔽；淫辭知其所陷；邪辭知其所離；遁辭知其所窮。生於其心，害於其事，發於其事，害於其政；聖人復起，必從吾言矣。」

這段話裡面最重要的是「生於其心」這四個字。由於這四個字的指引，我們便可以清楚知道，所謂詖辭、淫辭、邪辭、遁辭等等的「言」，指的不是一個人嘴巴所說的話或肢體做的事，而是指內心的聲音。內心一有貪嗔好惡的剎那，才是「言」的所在。「言」是發自心上的，這一點要先確定方向，才不會使這段文章的解釋有所偏差。

49 詳見「知言舉例」之《論語》一節。

【詖辭知其所蔽】

先解釋什麼是「辭」。辭有看不見的意思，也有語言、心聲的意思。躲在內心深處那個看不見的眞話，就叫做「辭」，這裡的「辭」也就是知言的「言」，但「言」字比較容易被解讀爲狹義的「語言」，所以在這裡改成「辭」字來突顯「躲在內心」的未盡之意。「辭」字還含有辭別、辭去的意思。意即「不存在你的面前，但卻存在背後某處」的意思。所以古人常用「辭」這個字來影射「表面上看不到，卻隱藏在你內心的那個聲音」。

「詖辭」，就是執於一端之詞，是偏頗的詞，雖有部分道理，但整體來看卻是個偏頗的說法。好比墨子所提倡的「兼愛」，即是似是而非的一種說法。墨子提倡要平均地去愛每個人，對任何人的愛就像愛自己的父母一樣，完全沒有差別。這說法聽起來很對、很偉大，感動了很多人，拉走了很多人的心，但實際上卻無法眞正把它落實在社會上，因爲當你去落實的時候，卻發現你也得把父母親當成路人一般才公平，這是違逆人性的作法。像這種帶著偏見、不合實際的言辭就叫

「詖辭」。

而「知其所蔽」的「蔽」字是蒙蔽、無明、靈台沒有打掃乾淨的意思。一聽到偏見的辭，我們就立即能察覺到它的無明與蒙蔽。當然這個「其」字可以指自己，也可以指他人。好比在我的內心裡發出了一絲絲的偏見，我當下就要覺知到我依然存在著無明的蒙蔽。或是當我聽到一個人懷有偏見的言詞，我也要能知道這個人的內心正受到無明的蒙蔽，這都叫「詖辭知其所蔽」。

然而要做一個如此明理的君子，其實沒有這麼容易，原因是世上似是而非的論調真的太多了，而且依然還隱藏在我內心的雜思、慾望、偏見也還很多，因此雖然有很多內內外外的詖辭正顯現在你的內心或眼前，卻很少人能立即覺知得出來的。

好比我曾在電視上聽過一個有偏見的大德[50]這樣子弘法，他說：「選擇一個正

50 有道德而且精通佛法的人；高僧。

確宗教有幾個條件：第一個條件就是教主要有高貴的出生。」我聽到這第一點就差點跌破眼鏡。各位，要哪一種高貴的身分才有資格做一個宗教的教主呢？有這種規定嗎？人還有分貴賤嗎？出身低微鄙陋的人就沒有資格當個覺悟者了嗎？這顯然是莫大的偏見，但包括他自己及電視機前的觀眾，卻不一定能聽得出來。

然後他接著說：「像有一個宗教的教主是一個未結婚的女人的私生子；另一個宗教的教主是個四處去求官求不到的流浪者；還有一個宗教的教主只是一個圖書館的館長；只有我們宗教的教主是個高貴的太子血統，本來可以當國王的高貴血統。」

各位，弘法者本身要有正見，不能懷著偏見。這位大德所說「未結婚的女人的私生子」是誰呀？他雖沒講出名字，但我掐指一算，數一數五教，大概指的是耶穌吧。傳說中聖母瑪麗亞受聖靈而懷了耶穌，被他說成私生子。然而就算是出身低微的私生子，就不能覺悟嗎？

而他說那個「四處去求官求不到的人」是誰呢？我再算一算，再笨的人也知道應該是指孔子吧。孔子是不是去求官我們先別論，但當不了官的人就沒有資格覺悟了嗎？而那個「圖書館當館長的」，指的應該是周朝的「柱下史」老子吧。看管圖書的就沒有資格可以覺悟嗎？只有當太子、當國王的人可以覺悟成佛嗎？是的，當然太子或國王也可以成佛，但不當太子、國王的人就沒有佛性了嗎？就無法覺悟成佛了嗎？

我當然知道釋迦佛的偉大，也非常崇拜他，但一個弘法者不可以因爲要強調釋迦佛的偉大，就想辦法找些似是而非的論調，去貶損別的教主的偉大，這種做法不僅不公正客觀，還有損修行者的宗風。這個理只有自己的教派關起門來孤芳自賞可以，放到別的教派身上就說不通了，放到宇宙間去驗證看看就更可笑，這眞是明明白白的「詖辭」。

不論我是不是該教派的人，不論我喜不喜這個法師，一聽到這種「詖辭」，就立即要知道這個說法者的心中，依然存在著莫大的無明，靈台還沒有打掃乾淨。如果這樣大的「詖辭」還聽不出來，那還談什麼「知言」呢。然而我在電視上看到，他這話語一出的時候，下面滿滿的聽眾響起一陣熱烈的掌聲，好像很欣賞這個「高貴」的說法，眞是不可思議呀。這不是一種非常大的無明嗎。由此可見這句「詖辭知其所蔽」說來容易做來難，難怪《大學》裡面說「好而知其惡，惡而知其美者，天下鮮[51]矣。」學問要實踐得來才是眞功夫呢。

【淫辭知其所陷】

「淫」是過多的意思，當然不當的男女情色也是淫，不過「淫」這個字倒不一定指男女情色而言。凡是超過本分的、浮華的、誇大不實的、放蕩的言論都叫「淫辭」。例如那些政客在競選時所開出來那些不切實際的支票，或是攻擊對手時，故意用一些驚世駭俗的言論去誇大對手的小小錯誤，以便使對方陷於必死之地。當我們聽到別人說著這些誇大的淫辭，或是發現自己的心中萌生出這樣的淫辭，就要能分辨，發出淫辭的當下便是一個人的內心仍然有所陷溺的當下，仍然有不淨心機的當下了，有了這個覺知的能力，便是「淫辭知其所陷」。

或是現在很多年輕人開玩笑的方式，都喜歡誇大自我、吹噓自我，把自己講得很厲害，把別人講得都很遜，這種言過其實的說法，都是古人所說的「淫辭」。

或是有些好色的人，談話時三言兩語就會扯到男歡女愛的粗俗話題，沒有一點正經的話題，這也是「淫辭」。還有一些修行人喜歡談玄說奇，不實在地去洗心滌慮[52]，不去建立德行，不去克己復禮[53]，談的都是神奇鬼怪的事情，神通法力的事情，這些尚玄好奇的話，都叫「淫辭」。

淫辭雖然是從嘴巴講出來，但其根源仍是從內心所萌生出來的，當我們聽到別人說著這些淫辭，或是在自己的內心覺知到這些淫辭時，就要知道此刻的別人或自己，內心依然陷溺於種種無明習氣、種種貪欲而難以自拔了。有了這樣的覺知力，便叫「淫辭知其所陷」。

【邪辭知其所離】

51 少見。
52 滌除私心雜念；徹底改悔。
53 約束自己，使每件事都歸於「禮」。

「邪辭」是不正當、違背正理、爲達到某些目的而刻意誤導、蠱惑人心的言論。好比「只要我喜歡有什麼不可以」這樣的廣告詞，或是「沒有上酒家的都不是男人」這樣的話都叫邪辭。

眞的只要想做的事就沒什麼不可以做的嗎？如果想去學游泳、學音樂這種正當的事，當然沒什麼不可以，但如果想去侵犯一個人、或想去吸毒，也沒什麼不可以做的嗎？講這個話的人簡直是不負責任。

眞的只有上酒家的才是男人嗎？像文天祥、岳飛、關公這樣的正氣男兒，也會跟他們一樣上酒家玩女人才顯得出自己的氣魄嗎？在君子的眼中，此話一出眞是自己的人格都掃地了。然而這些似是而非的話，讓正在脫序邊緣的人聽了很高興，有了一個很好的藉口可以爲所欲爲，還可以絲毫不覺得羞恥，這就是「邪辭」。

曾經有位大師在著作上寫道：「如果你未曾嘗試過的事就沒有資格批評，即使是吸毒也是一樣，只是你自己做的事情要自己負責。」這種話讓那些想要擺脫傳統束縛的人聽了既驚訝又感動，但眞的可以去試試吸毒的滋味嗎？吸了之後有幾個人還有機會回頭呢？即使他想為自己的錯誤負責，問題是負得了這個責任嗎？

吸毒只是個例子，其他還有太多可以傷害自己及傷害別人的事，還有太多會讓家人後悔莫及的事，眞的都可以去試試看嗎？他們眞的負得了這個責任嗎？講這種話的人眞是爲了賺得人心，爲了嘩眾取寵，而完全不負責任。坦白講他根本就負不了這個責任，因爲這種人即使離開人間，其遺禍仍可蔓延千年，這就是標準的「邪辭」。這種邪見遠比詖辭、淫辭、遁辭還要可惡。

一聽到類似的邪辭，就知道說話的人試圖要讓你叛離正當的道路了。當你覺知到自己心中產生這樣的邪辭時，就要知道這樣的心思將使你叛離正道甚遠了。有了這樣的覺知力，就是「邪辭知其所離」。

【遁辭知其所窮】

「遁辭」是閃躲逃避、吞吞吐吐、理由牽強、或在背後說是非的言辭。像是

「我只是犯了每個男人都會犯的錯」這樣的話，就叫遁辭，自己犯了錯承認就好了，還拉一大堆的男人下水幫他背書，試圖以此脫罪，讓人家覺得他很無辜。但明眼人一看便知他的理由勉強屈窮，不會因爲這番牽強的理由就誤認他是對的。

社會上常有一種人，在背後說了一大堆人家的是是非非，但當人家要正面和他對質時，他卻支吾其詞，說「你誤會我的意思了，其實我不是這個意思」，不敢承認自己的錯誤，只是不斷地閃爍其詞，試圖要來圓這個場。一看到這樣的場面，雖然我們不和他計較，但我們知道他編造了是非，因此內心有所窮屈了。如果這種錯誤發生在自己的身上，更要立即覺知到自己內心的理屈，而大大地自省一番。

再舉個古代的例子，孟子對齊宣王說：「假如您有一個臣，因爲要去楚國遠行，於是把妻兒委託給一個朋友照顧，等到他回來時，卻發現他的朋友沒有盡職，讓他的妻兒挨餓又受凍，交到這種朋友應該怎麼辦呢？」齊宣王理直氣壯地回答說：「這種無情義的朋友應該和他斷交。」孟子又說：「如果你下面有一個負責管監獄的官，但他卻連自己的屬下都管不好，那你應該怎麼辦呢？」齊宣王理直氣壯地回答說：「免了他的職！」接著孟子說：「那麼一個國君應該要負責治理國家，但他卻沒有把國家治好，那應該怎麼辦呢？」齊宣王沒有回答，眼神一下子看左、一下子看右，就把話題岔開了。

因爲知道自己理屈，再也不能理直氣壯了，又窮於找理由來應付，乾脆顧左右而言他，這就是「遁辭」的表現。有時我們的內心也會這樣，因爲理窮，所以一直找理由掩飾，或是故意去忽略那個不淨的心思。明理的人一發現自己有這種現象，就應該坦然地自省，才有機會走在正人君子的道路上，有了這樣的覺知力，便叫「遁辭知其所窮」。

以上孟子所談到的詖辭、淫辭、邪辭、遁辭，是舉些例子來代表眾生一切的心聲，一切的「言」。「知言」就是要讓詖辭、淫辭、邪辭、遁辭都逃不掉你的法眼❺❹的意思。覺知到別人的心聲正不正叫「知言」，覺知自己的心聲正不正更是

54 慧眼：敏銳、精深的眼力。

「知言」。知己知彼百戰百勝，內心若有不正的言，自己一定得先知道，坦然去面對，才有進步的可能。別人有不正的言，你也得看得出來，才不會被他混淆了是非，才能夠替社會伸張正義，才能去救治淪落的世界。

就像孟子與楊、墨之徒辯，又與告子、高子辯，這都是因爲孟子能看穿諸家所發的詖辭、淫辭、邪辭和遁辭，知道其心有所蒙蔽、有所陷溺、有所叛離、有所窮屈。因而不得不與之一辯，以救蒼生之無知。所以作爲君子的第一步，就是要先知言，知言才能正心，才能養氣，才能救世。若不能知言，想要不動心，想要養浩然正氣，想要救世，則所做的事情不曉得對不對，恐怕會越幫越忙的。

【生於其心，害於其事；發於其事，害於其政。聖人復起，必從吾言矣】

(註) 原文「生於其心，害於其政；發於其政，害於其事」有誤。請參考〈滕文公下章〉有「作於其心，害於其事；作於其事，害於其政。」的章句，兩相對照便知此處有誤。且「事」屬個人小事，而「政」屬國家大事，事小政大，

把事字擺在政字前乃符合本段先後次序。）

一個平常人的內心若存著不正的心念，這種存心必定會危害到他處理任何事務的公正。所以說「生於其心，害於其事。」既然處事有不正的作風，若是讓他爲政主宰國家的話，也必定會危害到治國的任何政策上。所以說「發於其事，害於其政。」

這話的意思是說，任何顯現在外的事，不論是一句話、一個表情、一件事的作爲、或甚至一個治國的政策，原先都是從一個人內心的「言」所散發出來的。當然能不能養得起浩然正氣，也與這個存心息息相關的。這也就是孟子爲什麼把「養浩然之氣」和「知言」相提並論的原因。我相信即使再有聖人出現，也必認同孟子這番見解的，因此「聖人復起，必從吾言矣。」

當然，內心存著不正的言，不僅能害於其事、害於其政、也能消亡一身的正氣；但反過來說，內心若存著正當的言，不僅能益於其事、益於其政、也能長養一身的浩然正氣。好比每當你凡事開闊地往大處、遠處著眼時，胸中必常有一股浩然正氣在；而凡事狹隘地往小處、短處看時，胸中必有股狹隘陰私的慾望在。

所以「正見」必有正氣滿腔的感受在茁壯，而陰氣則日漸消亡；「邪見」必有陰私滿腔的感受在茁壯，而正氣日漸消亡。堅持胸中的正見，也就是護持了正氣，放棄了胸中的正見，也等於是放棄了正氣。因此知道自己內心的「言」正不正，才能養出一股浩然之氣。「知言」與「氣」原不可分，只是眾生缺少觀察，所以不明瞭它們的關係而已。

而內心要存著什麼樣的「言」、什麼樣的存心，才有助於養出一身的浩然正氣呢？才能有益於身心性靈的健康呢？偶而在網路上看到一篇流傳的文章，借來分享給各位參考：

傳統固有的人生訓誨，強調「好心有好報」，但這樣的教誨，在科學昌明的今日社會，難道只能是一種道德教條，無法以科學方法來證實嗎？直到閱讀美國著名精神科醫師大衛·霍金斯 (David R. Hawkins) 之著作 *Power vs. Force*（暫譯：《心靈的正負能量》），才讓我們大開眼界，知道「善惡報應」還真有其科學根據呢。

原來情緒是有頻率的，物理學家已經證明，我們這個世界上所有的固體都是由旋轉的粒子組成的，這些粒子有著不同的振動頻率。我們的人身也是如此。大衛・霍金斯經過二十年長期的臨床實驗，其隨機選擇的測試對象橫跨美國、加拿大、墨西哥、南美、北歐等地，包括各種不同種族、文化、行業、年齡，累積了幾千人次和幾百萬筆數據資料，他把人的情緒映射到 1-1000（100 Hz~100000 Hz）的範圍。他發現任何導致人的振動頻率低於 200 (20,000Hz) 的狀態會削弱身體，而從 200 到 1,000 的頻率則使身體增強。霍金斯發現，誠實、同情和理解的意念，會改變身體中粒子的振動頻率，進而改善身心健康。邪念會導致最低的頻率，當你想著下流的邪念，你就在削弱自己的健康。經過精密的統計分析之後，結果讓人大開眼界，茲摘錄其主要項目如下：

①羞愧恥辱：20　②惡念譴責：30　③冷漠絕望：50

④憂傷懊悔：75　⑤恐懼焦慮：100　⑥渴求慾望：125

⑦憤怒怨恨：150　⑧驕傲輕蔑：175　⑨勇氣肯定：200
⑩信賴：250（中性）　⑪溫和希望樂觀：310　⑫寬恕原諒：350
⑬理性諒解：400　⑭關愛尊敬：500　⑮安詳平靜：540
⑯喜悅快樂：600　⑰開悟正覺：700~1,000

這麼說來，古人強調做人要寬恕、要有愛心、要尊敬他人……都是有很深切的道理。瞭解這個道理之後，就盡量讓我們有更開闊的存心（言），時時保持在250以上的頻率，才能有益自己的身心。並請你在各種煩惱來襲時，趕快把黃庭禪的觀照功夫拿出來用，在「黃庭」裡面天天保持平安與喜悅的心境才是。

談到觀照，《金剛經》叫我們要觀照自身的實相，叫我們單純地體驗身中的感受，然而接近「實相」只是第一個過程，有了實相就像一塊地基被打掃乾淨了，但上面還沒有看到任何有益的建設，這並非最後的目的，接下來是要建設起什麼有益的東西來，才能使這淨土發出光芒。而那個能讓佛性發光的東西就叫「志」。向上的心念叫做「志」。接近實相後若沒有向上的「志」來護持，這個實相很快地又會退轉到貪嗔分別的習氣中了，這塊好不容易才打掃乾淨的地基，馬上又要被人倒很多垃圾在上面了。

因此想要有「不退轉」的心，所靠的就是向上的「志」，這些能長養浩然正氣的志，包括寬闊慈悲的「仁」，忍辱負重的「義」，依序而行的「禮」，辨明是非的「智」，踏實無華的「信」。這些存心都能使胸中產生一股浩然的正氣，滋養著我們的法身。能時時存著這樣的心，才是眞正的「知言」，也才是眞正在長養自己的浩然正氣，眞正地對身心性靈都有益處。

現在的人喜歡走遍千山萬水去找旺盛的氣場，或有靈氣的地方，然後在氣場上猛吸氣。這種外求的人絲毫不知道存心的重要，不知道世上最有靈氣的地方就只在你的內心，不知道浩然之氣只源自純正的志，不知道浩然之氣只能從自己的內心裡長出來，不是從外面吸來的。他們這種外求的修法，在《金剛經》、《心經》裡看不到，在《大學》、《中庸》裡也看不到，在《道德經》、《清靜經》裡也看不到，各教聖人都不提倡，爲什麼還能迷惑一大群人呢？這都是未讀聖賢經典，墮入了尚玄好奇的陷阱，所以才會「生於其心，害於其事」呀。

「知言」舉例

《道德經》說：「知人者智，自知者明。」因此「知言」不僅是知自己的言，也是知別人的言，知己知彼才是全方位的知言。以下就讓我舉幾段經典或歷史裡的例子，以及學員的分享案例，以便幫助各位更深切地瞭解「知言」的範圍及其重要性。

《論語》

子曰：「益者三友，損者三友：友直、友諒、友多聞，益矣。友便辟，友善柔，友便佞，損矣。」

「直」是正直、果決、敢為了正理而得罪人。「諒」是開闊、信實、沒有虛偽。「多聞」是常謙卑地向人學習，或知道很多有用的知識。當你身旁有這樣的朋友時，你能看得出來他們的可貴嗎？你的內心懂得珍惜這樣的朋友嗎？或是你內心認爲他們太正直、太老實了，反而不敢跟他們在一起，以免常常被指正？或是因爲他們知道的比你多，反而使你嫉妒不已呢？這些存在別人的「言」及自己內心的「言」，你看得清楚明白嗎？

「便」本來是給人方便，但若用到不好的地方，好比一個人這樣也可以、那樣也可以、差一點點無所謂啦、不要太計較啦、喝一點酒沒關係啦、上一次夜店又不是幹什麼壞事、抽一隻大麻又不是搶劫……一切都太方便了，到最後連該守的原則都不要了，這就是「便辟」的人了。

「便辟」就是極會應酬，極會迎合人情，極會勾起你的贊同，會讓你對他的好意非常感念，這叫做便辟。便辟並不是這個人很奸詐、很邪惡。奸詐邪惡的人怎能吸引你的認同與感念呢？奸詐邪惡的人你又怎會與他爲友，對他死心塌地呢？他必定能給你很聰明、很通權達變的感覺、很溫暖、體貼、幽默、細心的感覺。因此你才會將他視爲知己朋友，並對他所說的歪理全盤接受。

一個人爲什麼要逢迎人？會逢迎的人大都懷著想要經營自己的小圈圈的目

的。一個君子的特質是「群而不黨」，而小人的特質是急著經營自己的私黨。便辟的人會處處逢迎你，給你好處，給你關心，以便拉住你的心，經營屬於自己一小黨的圈圈，好像這樣才能顯示出自己的力量，或是有了自己的勢力才能與誰抗衡，或是想在一方有高高在上的地位，或是想讓人家看到我有才華等等。面對這種便辟者逢迎、同理地慢慢收買，你還有能力看清彼此在那個當下，內心的心聲究竟是正還是邪嗎？你還能「邪辭知其所離」嗎？還是也跟著變成一個小圈圈的心態，彼此收買來收買去呢？

「善柔」到底是損友還是益友？一個人有和善、熱切、輕聲細語的德貌，既善且柔怎麼會被孔子歸類在損友的一方呢？這是因爲他善於經營表面那副和善、熱切、輕柔細語的德貌。但不論你做的事是對是錯，他永遠只是善柔地認同你，永遠不得罪你，他能讓你很窩心，讓你爲他的貼心很感動，他在你空虛的時候打電話安慰你，在你失意的時候逗你開心。

聽到這裡你會疑惑，難道這樣有什麼不好嗎？這是因爲一個以善柔的樣子爲德的人，通常會缺乏敢對你的錯誤正色直詞的義氣與魄力，這種人只會講一些好聽的話來迎合你，無法讓你進德修業，也無法引導你去做一些有義氣、有志節、遠離慾望的事情。那麼交這樣的朋友有什麼益處呢？

又一個好於經營表面善柔德貌的人，處處提著最燦爛的笑容、最溫柔的舉止，最後就變得有點矯情、有點公式化，甚至不知不覺落入虛情假意。這種以善柔為德的人在道場裡最常見，一談到修行，大家第一個學的，就是和善、溫柔、輕聲細語、燦爛的笑容等德貌，但何時要收起這些德貌的應對機宜卻沒學到，最後只剩下一個附和污世的善柔樣，這是非常可惜的。

一個君子與人應對進退，不外是秉持誠懇、祥和、友善、從容的態度而已，不必熱切到一直提著燦爛笑容，或一直輕聲細語的地步。而且人與人的交往，有時為了維護正義，偶而也會有需要用剛毅嚴正的態度來應對的時刻，若不能明瞭這種進退權變之理，那麼一味的善柔，不僅有虛情假意的隱憂，也會有違背正義的時候，因此孔子把他歸在損友的一類。

說實在，面對「善柔」的人，你高興都來不及了，你還有能力看清彼此在那個當下，內心的「言」究竟是正還是邪嗎？還有能力看得出自己在面對這種朋友時，內心的「言」是怎麼被收買了嗎？這種人肯定會讓你覺得他是個大好人，但卻對你沒有任何好處，所以孔子把他放在損友的一類。

「佞」是有巧言善辯的能力。「便佞」的人總是歪理一堆，隨便附和污世，即使你做錯了事，他也有一堆歪理能讓你覺得沒什麼錯，甚至讓你覺得理由正當，讓你安心地停留在一條錯誤的道路上，這種人會讓你覺得「深得我心」，但就是對你的進德修業毫無幫助。

好比有個廟的廟祝在廟裡和信徒聚賭，受到衛道者的質疑，旁邊有個人就替廟祝打圓場說「廟祝也是人嘛，神明也要娛樂嘛，小賭一下又不強迫人，有什麼關係。」這話一出，勢必深得那廟祝的心，但卻使得一間清淨的廟變成一個賭場，失去道場的清靜，這種不能救正污世，反而同乎流俗、合乎污世的人，就是「便佞」的人。面對一個如此便佞的人在收買你，你還有能力看清那個當下，彼此內心的「言」究竟是正還是邪嗎？

以上其實不論便辟也好、善柔也好、便佞也好，都是很會運用同理心去逢迎的人，只是表現出來的重點不同，因此給他不同的名稱而已。本來同理、認同是好事，但由於心術不正，喜歡圍小圈圈，短期看起來皆大歡喜，但長期看來沒有一個對德行有所幫助，這便成爲虛僞的德行了，因此孔子稱他爲損友。

環顧你身旁的朋友，一定有幾個這種損友，那種人大多是小圈圈的領袖。他們所提倡的都是一些同乎流俗，合乎污世的小善小德，但內心就是缺少一份光明正大、大公無私、及放諸四海皆準的正義，因此無法與古聖先賢的正道相吻合。這種人在百分之九十的善裡面，藏著百分之十的惡，他雖能使你歡心，但會耽誤了你的青春，對這種人你不能沒有分辨的能力。

孔子這一節損友、益友的說法，是希望我們在選擇朋友之前，要先有能力分辨出哪些人的「言」（存心）是正的，哪些人的「言」是邪的，再來決定交不交往。若是不能分辨朋友是正是邪，就急著把心都掏出來給他，不是很危險嗎？然而要分辨正邪並沒有這麼簡單，好比我問你：「在你從小到大所認識的朋友之中（把你自己也放進去），哪些是友直、友諒、友多聞的呢？哪些是友便辟、友善柔、友便佞的呢？」請你把親朋的名單都列出來，然後一一來勾選，你能判斷得出來哪些是損友？而哪些是益友呢？

能夠分辨出朋友的品格損益，這是「知言」的表現，如果你分辨不出來，就表示你根本不知道現在與你在一起的朋友，到底是好是壞？既然好壞都分不清，那要怎麼遠離小人親近君子呢？要怎麼選賢與能呢？而反過來說，你對自己內心的「言」又知道多少呢？你能分辨得出自己內心的正見與邪見嗎？你自認為你是別人的益友還是損友呢？若是不能分辨自心的正邪，又怎麼能養得出一身的浩然之氣呢？所以有沒有「知言」的能力是件非常、非常重要的事呀。

《尹文子》

孔丘攝魯相，七日而誅少正卯。門人進問曰：「夫少正卯，魯之聞人也。夫子為政而先誅得無失乎？」孔子曰：「居！吾語汝其故。人有惡者五，而竊盜奸私不與焉。一曰心達而險，二曰行僻而堅，三曰言偽而辯，四曰強記而博，五曰順非而澤。此五者有一於人，則不免君子之誅。而少正卯兼有之，故居處足以聚徒成群，言談足以飾邪熒眾，強記足以反是獨立。此小人雄桀也，不可不誅也。是以湯誅尹諧，文王誅潘正，太公誅華士，管仲誅付里乙，子產誅鄧析、史付。此六子者，異世而同心，不可不誅也。」

譯 孔子當魯國宰相時，才上任第七天，就殺了非常博學且辯才無礙的佞臣少正卯。門生就問孔子說：「少正卯是魯國人盡皆知的達人，夫子您才上任七天就殺了一個大儒，這樣做難道沒有過失嗎？」孔子說：「你坐下，我來告訴你原因。人類的大惡有五件事，而偷東西及奸私這種小惡都還比不上這五件惡事。第一件大惡是「心達而險」！（聰明過人，但為了達到目的存心卻非常陰險。好比一個政客，為了吸收選票，不僅提倡大量減稅，還說要大量發放各種津貼，這種政見讓人民聽起來當然很高興，不但能達到打擊執政者的目的，更能吸收到大量的選票，但試問錢要從哪裡來？最後豈不是要舉國背債遺禍子孫嗎？這麼聰明的人豈會不懂這個簡單的道理，但為了贏得選戰卻用了如此混淆是非的手段，這就叫心達而險。）

第二件大惡是「行僻而堅」。（行為偏邪卻又意志堅強樂此不疲，以此來突顯自

己的長才。〕

第三件大惡是「言偽而辯」。〔善於把顛倒是非的言論偽裝得很善良、很討好，但實際上卻是妖言惑眾，遺禍人類。〕

第四件大惡是「強記而博」。〔有過人的記憶力，說起話來引經據典恢宏大論，足以使人對他那似是而非的謬論崇拜得五體投地。〕

第五件大惡是「順非而澤」。〔看到一個人明白的錯誤，非但不制止導正，還把他的錯誤說成對的，到處施恩惠收買人心。〕

在古代一個人只要犯了這五件惡事的其中一項，就能顛倒是非惑亂世人，因此難免被有見識的君子所誅，而少正卯一個人同時集這五大惡於一身，更有惑亂世人的本領，當他和民眾在一起就足以吸引一大群人的崇拜；他隨便講個謬論就足以顛倒是非惑亂世人；他的博學強記引經據典，足以辯倒所有的正理，獨領一方的群眾。這實在是小人裡面的梟雄，此人不誅必有更多眾生受其蠱惑，早晚要發生死傷慘重的大亂子，為了眾生長遠的安寧著想，不能不將這種人及早掃除的。

因此，即使是古代最為慈悲的聖賢治世，也難免要誅殺一些足以顛倒是非的惡人。好比英明的商湯不得不誅殺尹諧，文王如此慈悲也不得不誅殺潘正，姜太公如此忠義也不得不誅殺華士，管仲如此大量也不得不誅殺里乙，鄭子產如此賢能也不得不誅殺鄧析、史付等人。對於惑亂世人的梟雄如果不用這樣的手段，世界怎能得到安寧呢。」

以上這段說明了孔子爲什麼誅殺少正卯的原因。有人批評說殺人是殘忍的，當然對於一位無辜的人，或是傷害不大的人，動不動就用誅殺的手段，那是殘忍且狹隘的。但若是對於一個惡貫滿盈死有餘辜的人來說，處他重刑反而是救了無數生民的必要手段。舉個例子，若是像二次大戰的希特勒這種人，有第一等的口才及非常有魅力的領袖氣質，他一個人站在台上就能辯倒所有的正理，用歪理獨霸於一方，吸引無數人的崇拜，有遠見的人若不設法讓他早日離開人群，不知道還要犧牲多少人的生命。因此面對這種情況，任何慈悲爲懷的有爲明君，都會設法誅殺這個梟雄，以救生民於塗炭。這時的「殺」對被解救的無數眾生而言，反而是慈悲而不是殘忍了。

因此不要看到歷史上孔子曾殺了少正卯，就起了批評的知見，因爲功過的重點在於殺了一個梟雄之後，無形中解救了多少可能被邪見蠱惑的眾生，或是消弭了多少可能發生的動亂場面。雖然如此，殺人總不能亂殺的，好比現在國家的法律要處一個人死刑一樣，那是非常愼重的事，古聖哲是那麼地慈悲爲懷，要處死一個人，當然是迫不得已，才會做出這種選擇的。

我之所以談這些，並不是要爲孔子辯護，因爲我們不在當時，不能眞正瞭解當時有沒有必要如此，不論贊成或不贊成，我認爲都是不切實際的。我所要表達的是「知言」的能力重不重要呢？若沒有知言的能力，隨便跟著一個梟雄起舞，世界不是不得安寧了嗎？或是在未認清事實之前隨興殺一個人，豈不是要成爲屠夫了嗎？或是局勢已經要亂了，還不能掌握時機拿出爲民除害的勇氣，那不是也太懦弱、太沒有智慧了嗎？

說到這裡你立即要問，那我們怎麼知道自己的判斷到底對不對呢？那個人看起來很好呀，很關心我呀，很幽默又有才幹呀，長得又帥又老實呀。各位，這種說法哪還能夠知言呀。你以爲小人都長得尖嘴猴腮嗎？講話都尖酸苛薄嗎？這種人只能當最下等的小人，哪能當得起邪惡的梟雄呀。那些遺禍子孫的梟雄，全身上下所散發的（言），哪一項不是看起來善柔、忠厚、清秀、正直、氣宇軒昂的呢？哪一個不是像尹文子所說的「探人之心，度人之欲55，順人之嗜好56而不敢逆，納57人於邪惡而求其利」的呢？

看看今天的選舉制度，選票已經握在眾生的手中了，但眾生們究竟用什麼標準去選人呢？他們大多先看候選人長得漂不漂亮、帥不帥，再看他敢不敢拍桌子罵人、敢不敢開大張的支票給百姓、會不會講一些慷慨激昂或熱淚盈眶的話來讓選民感動、敢不敢向選民下跪……等等。除了這些條件以外，有幾個人真正去看看候選人的政見有幾條是確實可以實施的？有幾條是爲國家的長遠利益在著想的？有幾條是說得出來又做得到的？有幾條是不會讓我們的子孫去背債的？而

55 用自己的想法去推測別人的心思。
56 喜好，多指不良的愛好。
57 接納，接受。

這些選民又有幾個在投下選票時，是眞正公正無私毫無偏見的？如果我們連這些眞相都看不出來，怎能叫「知言」呢？

很顯然，我們沒有用選票去封殺該封殺的梟雄。我們沒有孔子的智慧能看出誰是言行不一、似是而非的騙子，也沒能封殺那些「心達而險」、「行僻而堅」、「言僞而辯」、「強記而博」、「順非而澤」的梟雄。今日能站上國會的幾乎都是孔子眼中的梟雄，但我們卻沒有智慧去封殺這些人。

這要怪誰呢？實際上只能怪百姓不能「知言」，不能分出什麼是詖辭、淫辭、邪辭、遁辭所致了。百姓只喜歡看表面，只喜歡會表演的人，當然就會有那些人的出現了。試想，今天即使有一個非常務實且有遠見的政治家出現，百姓會把票投給他嗎？他從不講誇大的不實話，不會去拍美美的沙龍照，不會去經營感人的故事，不會在鏡頭前做秀，不會開支票巴結選民，不會買票，也不會造勢。這種務實無華的人，百姓怎麼可能去選他呢。如果會的話，今天全天下都會是這種候選人的。

今日的百姓已握有選舉權，但卻又沒有「知言」的能力，最後的結局就是今日的亂象了。所以「知言」重不重要呢？辨明他人及自己胸中的詖辭、淫辭、邪辭、遁辭重不重要呢？非常重要呀。整個世界要進要退、要治要亂，就在「知言」這兩個字上面而已呀。然而知道別人的心術正不正，前提是要先能知道自己的心術正不正，不能看透自己胸中的存心，又怎能看得透別人胸中的存心正不正呢？因此「知言」是以觀照自己的存心爲本的。

我們常把責任推給別人，我們聽到這邊有個說法讓你感動、那邊有個說法讓你感動；這邊有個表情讓你同情、那邊有個表情讓你同情。但我們沒有智慧理出一個頭緒來，我們不知道他到底可不可行，他的內在眞正的「言」到底是什麼？而我此刻內心的「言」又是什麼？那些政見我聽得很高興，到底是我被慾望收買了所以高興，還是我被騙得感覺很尊榮所以很高興，還是我因聽聞了眞理而感到高興？

「知言」就是在一席話之中，你得看清楚你的心思，並且也看清說話者的心思，對不對你都已經了然於胸，那個人有沒有甜言蜜語在收買你，你也很清楚。而此時你不準備再被收買，你不準備再順非而澤，也不準備再與群小共舞，你準備做一個堂堂正正的君子，你準備做出該有的抉擇，去支持最具長遠正見的人，這才是「知言」的用意。

一個不能知言的人，永遠都能惹出很多莫須有的衝突，好比公司裡有一個人被升遷了，大家都在恭喜這個人，然後就會有一些好事者，私下去跟另一個沒有被升遷的同事說：「同樣來上班這麼久，爲什麼你沒有被派任呢？老闆爲什麼偏心？爲什麼不是你呢？」講得義憤填膺。這個沒被升職的人本來沒事，旁邊的人爲他講得義憤填膺，這時他不但無法察覺這個好事者內心眞正的「言」，也無法覺知自己內心已經被收買，已經升起了無明，於是也跟著義憤填膺，而惹出無數莫須有的衝突與敵對。

反正老闆只能升官一個人上來嘛，而大家講得這樣地義憤填膺，內在眞正的言是什麼？有的想藉時挑撥是非，有的想收買人，有的想藉機報復。各位，如果你往自己的內心深處去看看那眞正的聲音，你會不敢看，因爲太污穢了。別讓那些污穢的言存在你的心中，是非自然就沒了，這就是「知言」。如果少正卯能知言，能看清自己內心的五惡，也就不會被孔子給誅了。

《東周列國誌》第十七回

齊桓公戲曰：「寡人嘗鳥獸蟲魚之味，所不知者人味何如耳！」（桓公的幸臣易牙聽了這話之後，就去煮了自己的小孩給桓公吃）……桓公食之盡，問易牙曰：「此何肉而美至此！」易牙跪曰：「臣之孃子三歲矣，臣聞『忠君者不有其家』，君未嘗人味，臣殺子以適君之口！」

譯 有一天齊桓公對他的廚師易牙說：「我曾嚐過你煮的山珍海味，就是不知道人肉的味道如何？」易牙聽完之後就把自己那個三歲的小孩煮了獻給桓公吃。桓公吃完後問易牙說：「到底是什麼肉竟然如此美味？」易牙馬上跪在地上說：「我的兒子剛滿三歲，我聽古人說『忠於國君的人不能惦記著自己的家人』，我的國君沒吃過人肉的味道，所以我殺了兒子來滿足您的口味。」

各位，你看過三歲小孩嗎？如此稚嫩可愛的赤子，只是為了逢迎國君的口慾，竟捨得動手剖開親生小孩的肚子，割下他頭，將他剁成萬段，如此殘忍的存心，到底是爲了「忠」？還是爲了迎合國君以便謀得分外之求？我想這是顯而易見的。但在那樣的情況下桓公卻一點也看不出來這是佞臣在拍馬屁，還以爲易牙是個大忠臣。這是爲什麼呢？因爲這殘忍、逢迎、分外之求的心思（言）之外，卻包裹著「忠心耿耿」的糖衣。這種掩藏的心思太可怕了，連易牙本人可能也沒看出自己的心思來，因此當他用利刃刺入赤子的胸膛時，會變得「義無反顧」。

而齊桓公知道易牙煮了自己的稚子，齊桓公當下認爲易牙是在爲他盡忠呢？還是看得出易牙只是爲了迎合國君而殺了自己的小孩呢？後來易牙因爲深得桓公的心，從廚師升爲大將軍掌了兵權，最後敗壞了國家。可見桓公有沒有「知言」的能力？沒有，易牙有沒有「知言」的能力？也沒有。主宰軍國大事的人既然沒有分辨是非的能力，最後國家就剩下一個「亂」字而已了。這就是「生於其心，害於其事，發於其事，害於其政。」

學員的知言心得：看清我的貪嗔罣礙

曾經我很恨那個傷害我的人，為什麼我付出了那麼多，居然會得到如此的結果？時常覺得自己被忽略、被輕視、被背叛、被傷害，真的是被那波動的情緒逼到懸崖邊了。以前，自己總是把自己變成一個受害者的角色，只能躲在一邊，偷偷地哭。因為我把內心一丁點氣血的翻滾定義為：傷心、難過、心疼……。其實對方也不是一個壞人，每每看到這樣淚眼婆娑的我，也好像無比內疚和痛心，可是，事情依然繼續發生，沒有任何改變。我看到我內在的那份不甘心，總是打著愛的招牌去要脅別人，自己還覺得：「看，我已經做到這樣了，你還想怎樣？」似乎想讓對方內疚來達到我的目的。講師所說的：「用一份最謙恭的態度表達最大的傲慢。」與此意境有幾分相似。

但安靜下來想想，其實我到底想要的是什麼？原來是內心的一份肯定，一份愛。然而，一直以來，我卻沒有好好地去面對自己內心的陰暗面，沒有去看看內心的「言」是什麼，一直把矛頭指向外面，不願意去面對自己內心氣血翻滾背後的真相。

學習黃庭禪已經有一小段時間了，每天堅持打坐和看講師的著作，對我自身的轉變真的很大，已經可以在某些狀況下聽之以氣，出入自如。但這個時候，我內心的那個小我又開始冒出一個「言」來：「我現在有黃庭禪了，我可以和你一較高下了。」而且我看到了我內心的小我還在發出這樣的「言」：「或許還有希望，再挽回，再贏回來！不甘心輸！」看！這就是我的貪嗔。甚至，我還會扮演一個救世主的角色，告訴對方說：「你身上多的是不堪入耳的陰暗面，只是你自己不知道。」想要以此來證明自己的價值。

其實我內心有一份感恩，若不是有過這樣的痛楚，我走不到修行的道路，再想這輩子，老天讓他出現，是為了引領我走上修行的道路，他是一個渡我的人。原來受苦的意義竟在此。此刻我心裡又發出一個「言」：「那我呢？是不是也能幫助你？是不是也能拉你一把，從淤泥裡拉出來？」於是，我真的就很發心地給了對方一些很真誠的建議，我也是真心希望看到對方好，可是在這個看似很慈悲心的背後，我看到了自己的小我又發出了一個「言」說：「也許，正因為修行，我又能再次吸引到你，證明我是值得被愛的。」當我看到這個念頭的時候，我內心充滿了恐懼。看到了自己怎麼就不能真正放下呢？甚至還打著希望「渡」別人的高尚念頭，給自己一個可以再度放縱的理由，為自己的脫序行為找藉口。我發現我的內心一再地偏離了主軸。

記得在二階班，講師帶領最後的一個活動：渡眾生，每個人手裡都捧著一碗滿滿的水，小心翼翼地往前走，生怕滴下任何一滴水，生怕落下任何一個眾生。一直以來，我都未能很深入地理解講師的意思，到現在，才意識到，那滿滿的水，就在影射自己內心的各種貪嗔罣礙、各種心聲、各種業習、各種的「言」。我們修行者的每一步都必須走得非常小心，必須時時刻刻看清自己內心的「言」，不要被內心的「言」給騙了，只有把自己的心渡好了，才有能力去渡別人，才有力量去幫助更多的人。

尤其在這份感情上，雖然帶給了我很多的傷痛，但傷痛背後卻是一份莫大的禮物，正等著我去拆開那醜陋的包裝。而今，我已經可以靜下心來，帶著勇氣和覺知去看待這份我人生中的大禮，帶著感恩的心，接受上天賜予我禮物中覺知的領悟，帶著感恩的心繼續往前走。用著上天賜予黃庭禪這個護身符往前走。

——一個黃庭禪的學員

評論 看完這一篇心得分享，我們可以知道這位學員把自己內心一層層包裹得非常精美的「言」，看得非常清楚了，眞是可喜可賀。然而這只是一個好的開始，至於知言之後能不能透過觀照氣機實相，進而從貪嗔好惡的捆綁中走出來，則又是下一個層次更深的功課了。學者不能以爲能清晰看到內心一層層的「言」，就以爲是學問的最終成就而滿於現況了。

學員的疑惑：該不該說？

曾有位學員內心常出現一些預知他人之事的聲音，偶而還蠻準的，有時那聲音會告訴他要做什麼事，說他來自某高層的天，是某大仙佛下凡，在這世上有非凡的使命等等。然後那個聲音也自稱是某大仙佛，說是和他特別有緣，是專程下凡來喚醒他的，現在是他的守護神等等。

這位同學漸漸被這些聲音給收買了，也覺得自己來歷不凡，好像負有某個偉大神聖的任務。言談間總喜歡帶著神祕氣氛去預測別人將發生什麼事，甚至斷定他人心裡正在想什麼，或是說某人是他前世的誰等等的話，或是到了某個地方就喜歡說「有一個什麼魔被我給收服了」。那種說話的態度就像自己是某大仙威震八方的樣子。

有一天他主動來問我：「我的內心常出現很多聲音，我不曉得什麼是該聽的？什麼是不該聽的？也不曉得什麼是該說出來的？什麼是不該說出來的？最後弄得自己也有點迷惑。」

我說：「不只是你迷惑，你身旁所有的人都迷惑了，他們不知道你哪句話是出自正常的你？哪句話是出自怪力亂神？這都是因爲你們不能『知言』的關係。」

他說：「什麼是知言？」

我說：「對你而言，知言就是要分得出哪些是你自己的聲音？哪些是外靈加入的聲音？哪些是可以參考的聲音？哪些是可以不予理會的聲音？好比你的內心有個另外的聲音，告訴你說『你是偉大的仙佛來投胎的，你負有大任務。』像這種聲音你完全可以不必理會的。因爲經典告訴我們，人人本具佛性，每個人都是大仙佛來投胎的，沒有分高下，每個人願意做的話，任務都很大，不願意做的話，連自己生活都顧不好，因此這樣的話若不是外靈想要收買你，看看你會不會憤高[58]起來，不然就是你自己的習性在作祟。看到內在有這種聲音發出，更要謙卑爲懷，一笑置之，可以完全不必理會它的。」

他說：「可是那聲音說我有很大的任務耶，如果我沒去完成恐怕不行的。」

我說：「我看過太多的人，整天在找自己此生負有什麼任務，然而我看他連自己及家人的生活都沒顧好，連同事都無法和平共處，家人朋友講什麼根本不聽，鬼神講什麼就言聽計從，到哪裡都想和鬼神接收訊息，走到哪一有什麼感覺就疑神疑鬼，神經兮兮，這眞是孔夫子所謂『不能事人，焉能事鬼神』。自己看不到自己連人倫都做不來，自己看不到自己憤高不切實際的心，這種人也配什麼大任務嗎？」

他說：「可是有時候我做的夢蠻準的，有時我能預知別人將發生的吉凶，也能知道對方心裡在想什麼，但我不知道該不該告訴當事人。」

我說：「你會這樣問，就一定是你常常告訴當事人，有時候很準，人家就很崇拜你，你也很洋洋得意；但有時候偏偏不準，不僅人家看笑話，連你也覺得很懊惱，對不對？」

他說：「對呀。所以我不知道該不該說。」

我說：「既然有時準有時不準，那就絕不是什麼正派的仙佛，而是冤愆59或往來的外靈藉機在作弄你，而你爲什麼接受這個操弄呢？只不過是當時內心起了一個『貪』字。若不是內心生出一個想讓人崇拜的貪心，絕不致於被操弄至此的，不曉得你有沒有看到心中的這個『言』。若是正派的仙佛，絕不肯整天附在你身上，去當你的小弟，或是去助長你那尚玄好奇的心。何況預測那些可有可無的小

58 驕傲自大。
59 冤仇罪過。

事或心情，豈是大仙佛該做的事呢？這對人們又有什麼幫助呢？會自稱大仙大佛而整日隨你差遣的，肯定非正派的仙佛了。難道你沒聽孔夫子說『敬鬼神而遠之』嗎？不論祂是神還是鬼，我們都存著恭敬謙卑的心，但絕不肯整日和鬼神混在一起的，絕不肯受制於祂的，而你卻巴不得和祂們打交道，鬼言鬼語，修行不好好行三綱五常❻⓿，卻想當個能預知過去未來的巫師，整日搬神弄鬼，若不是內心有個貪念在，何以至此。內心有了那麼大的『言』你怎麼都看不到呢？」

他說：「那怎麼辦呢？」

我說：「『佛來佛斬，魔來魔斬。』不論這個聲音是你認為的佛也好、魔也好、還是你自己的習性也好，只要無益於人倫義理的，無益於三綱五常進德修業的，通通一概不聽，只當它是一陣風，一笑置之就行了。只要你不貪求靈通，這樣鬼神或冤愆就無所用其技倆了，你就不會變成鬼神的傀儡了。」

他說：「可是如果仙佛說這件事很重要，非我去辦不可，那怎麼辦呢？」

我說：「如果是那麼重大的事，神通廣大的鬼神自己能辦，你只不過是個凡夫，你能辦什麼？別被外靈灌一下迷湯就把你收買了。你有沒有發現，當你聽祂那麼一說，總是以爲自己多麼了不起，好像這個最重大的任務全世界非你一個人莫屬，你聽得也洋洋得意，這都是憤高貪心的習氣未除，加上不能知言所致。我看你還是老老實實地做好你的人倫義理，好好地觀照內心的『言』，把實踐人倫義理當作是每個人最至高無上的責任與任務比較實際吧。」

自身的例子

爲了尋找群經所共指的解脫之路，在我三十幾歲時，我跪在地板上向老天發願，要開始歸類各教經典，希望老天開我智慧，好讓我能爲眾生做出最正確的服務與貢獻。當我專心致志地歸類兩三年後，經義慢慢就貫通起來了，每天都有好多的突破，並且每當上台講課時，靈感總是泉湧而出，源源不絕，總是能講出一

60 人與人之間的道德規範。「三綱」指君為臣綱，父為子綱，夫為妻綱。「五常」指仁、義、禮、智、信。

些我想都沒想過的絕妙道理來。一開始我手舞足蹈，感恩得不得了，感謝這些古聖先賢留下這麼好的智慧給後世的人，感恩老天開我智慧，讓我這麼卑微的人也能左右逢源觸類旁通，這樣的法喜與感恩充滿了一整年。

然而有一天當我專心地歸類著《論語》時，內心卻突然升起了一句話說：「孔子也沒什麼嘛。他能說的我都懂，有些話我說得比他還好呢。」又有一天我專心地歸類著《金剛經》，內心又突然冒出來一句話說：「如來佛也不過如此嘛。盡說這些重複的話，要我來說的話，應該比他精采一些吧。」這些聲音剛冒出來的前一兩秒鐘，我著實感到內心那份洋洋得意的心思，一察覺到這個不淨的心思，我立即停下書本來，心裡想著：「剛剛那心聲是我所發出來的嗎？怎麼那麼扎實地從我內心跑出來呢？我根本不是這種狂妄的人呀。一直以來我的內心對這些聖賢仙佛是如此地敬重感激，剛剛怎麼發出如此狂妄不敬的聲音呢？」

我停了一會兒，心裡想：「就當它是老天來試驗我的心吧。就當它是冤愆來擾亂我的心吧。或是當作是自己內心的習性還未純淨吧。」看看我有沒有能力，在如此不淨的習氣下，還有向上提升的能力。於是我返觀心頭氣機的本來清靜，繼續恭敬戒慎地歸類著經典。之後這些聲音又陸續地出現，我清楚明白地看著它又出現了，就像連環踢一樣，我看到它一次次地想使我顚倒，而我總是清楚明白地對它一笑置之，踏著這麼狂妄的聲音往上再提升一步，未曾讓它對我有任何一點點的影響。

有了這個經驗之後，我便可以理解，爲什麼大多數的人求學問，總是在讀了一點文章而有點收穫之後，會立即表現得什麼都懂，好像天上地下無所不知似的。唉！世上有誰不是被自己內心的習性與邪見所擊垮的呢？有誰還能看得出自己的內心對自己的欺騙，而從中得到提升呢？還有誰能在累世冤愆竄入你的心窩時，還有自覺的能力呢？當此之時，這是古聖先賢往上提升所必經的路程，也正是無數眾生向下沉淪的路程。這就是爲什麼「知言」這個學問如此重要的原因。因爲如果你不能分辨出發自你內心的言是正是邪？是眞是僞？是自己生出來的？還是冤愆所搬弄出來的？如果你沒有能力與自己內心的不淨心思切割，那也只有跟著它翩然起舞的份了。

感謝孟子在提到「不動心」的章節中，又提到了「知言」與「養浩然之氣」

的關係，這眞是道破了千古以來所未破的眞機。希望有志往心、性、命這個主軸前進的學者，都能躬行實踐，徹底地認識內心的邪見，而後與心內所有的邪見切割，踏著它往上提升，莫讓這「知言」的絕學淪爲口頭禪語，方不負當年孟子道出這篇絕學的苦心，而這也正是我今日鼓動簧舌重註「知言」的殷切期盼。

黃庭禪修的五個步驟

找到「浪頭」才有用

很多人學完黃庭禪，一開始可能很讚嘆，然後就以爲能感受到黃庭的位置，就是懂黃庭禪了。如果是這樣的話，禪修班時每人發一張畫著黃庭的卡片送他，不就全搞定了嗎？何必講那麼長的課程呢？然而事實並不然，因爲感受到黃庭是你的情緒核心只是第一步，這只是讓你知道情緒痛苦的發生地，並非這樣就能解脫煩惱罣礙的。

接著認識情緒發生時黃庭內千變萬化的能量形態，看出它是由什麼基本感受所組成的，看清所有的習氣、情緒、痛苦，原來都只是小小的能量在生滅去來而已，以及看清能量變動時所夾雜的七情六慾模式，徹底地看清內心的種種污垢，這就是知言的一部分，也算是第二步，但這樣也還不能解脫你的煩惱痛苦。

接下來是觀照氣機實相的訓練，觀照情緒的實相只是一種能量，一種氣的變化，絲毫不給能量任何好惡分別的意義，完完全全地臣服在能量的變化裡面，沒有一點助長或抵抗的心思。這是第三步。這個步驟做得來，就能在任何一個貪嗔煩惱來襲的時候，當下就獲得解脫，當下就獲得安寧。

但可惜的是，這個步驟卻是有深度的，是要經過長久練習的，不是聽聽就能懂的，也不是練一下子就能得心應手的。因此大多數的人會在這個關卡停留很久，然後他們常說：「爲什麼我觀照到氣機實相了，卻依然煩惱痛苦呢？」其實這都是還未能眞正觀照氣機實相的緣故，因爲若是觀照氣機的實相，對它不帶任何的知見，那麼能量的存在或流動不會帶來任何痛苦的。但是學習中的人總是以爲他所觀照的就是實相，這其實還有著很大程度的差別，此時只要再多一點的練習，就會漸漸進步的。

然而當陷入這樣的泥沼裡時，大多數的人會感覺非常懊惱，甚至開始質疑或批判這個學問的可行性，他們輕忽這個學問的深度，沒有踏實去練習的耐性，想一口就吃成胖子，但這是不可能的。黃庭禪的缺點就是有點深，而且得經過不斷練習才能成就。就像學雕刻一樣，沒有捷徑，任何人都得一刀一斧踏實去練習、去失敗才有用的。

進入這第三步驟的人偶而也會說：「爲什麼我已經觀照它，也不分別它，也不抵抗它，我已經完全臣服它、接受它，而它爲什麼那麼久還不離開呢？」這種問法的人，基本上內心裡還是希望那個感覺盡快滾蛋吧。也就是說，他的觀照依然帶著讓它早點離開的目的，依然帶著分別取捨的知見。這種藏在內心深處的「言」自己有沒有觀照到呢？如果你沒有發現，就沒有機會改正，也就不可能得到徹底的實相，如此怎能在當下得到解脫與安寧呢。

因此當你困在第三步驟而無法進展時，我只能說，你的內心必然還對氣機藏有分別知見，此刻你需要對著那個貪嗔習氣的「浪頭」提起眞知，對著「浪頭」

踏實地去做觀照實相的練習，在失敗中求取眞知，才會進步。

爲什麼此刻我要特別提起「浪頭」呢？因爲練習黃庭禪而不能有明顯進步的，都是因爲沒有看清黃庭中的習氣浪頭所致。透過仔細地觀照後你將發現，每次貪嗔最熾盛的當下，就是黃庭中的氣機興起一個浪頭的當下。它就像海浪一樣，一波波地來襲，這波浪頭沒把你淹沒，下一波浪頭就把你打翻了；又像連環踢一樣，這一腳沒把你踢倒，下一腳就把你擺平了。

因此以「知言」來說，就有很多層次，內在的聲音會一層一層冒上來，想要擊倒你之前對習性的抵抗。首先你會先看到內在的習氣已經出現，雖然你剛才對它觀照實相，好像也很成功了，但接著再冒上來的一波波熱血，會夾雜著懷疑你有能力面對那一波波情識的聲音，然後又有一波波的熱上來，使你感到是在自我欺騙，覺得你根本在騙自己，覺得你沒有能力從裡面解脫出來，覺得你根本不可能自在得了的。最後你的內心將陷入非常害怕再次去面對的狀態中，甚至想要把自己孤立起來，與人群隔離。到時你總是想著「爲什麼我已經有黃庭禪了還會這樣呢？」

就像這樣，它總是在一波波的浪頭來襲時，把你重重地擊倒。但你卻沒有發現，那力量都只是同樣寄託在小小的「浪頭」上而已，那力量只是在同樣的浪頭上夾雜不同的聲音，不斷地換裝而已。一切都是因爲你還沒有看到眞正的敵人就在那浪頭裡出現，因此前幾次雖然沒把你騙倒，但一再換裝，一再地連環踢，就能把你踢得東倒西歪了。

因此你想要眞正地「知言」，得要清晰地看到那「浪頭」在黃庭中一波波地來襲，並對著習氣力量最重的「浪頭」放開胸懷做實相的觀照。在「主角」明確的狀態下，去練習以一個毫不取捨的心境去面對一切的衝擊，去接受一切的變化，才能獲得具體的進步。

然而大多數沒有確實看到「習氣浪頭」的學員，不能瞭解所有摧毀你的力量都只發生在那個熱血的「浪頭轉折」上，因此他只能對著整個胸膛做「概略性」的練習，而無法精確地對準浪頭做接受及實相的訓練，因此有時成功，有時卻失敗；有時很高興黃庭禪這麼好用，有時卻很懊惱黃庭禪怎麼沒用了呢。

這就像兩軍作戰時，只是概略性地對著森林開槍，那效果總是有限的，只能碰碰運氣。但若能精確地看到敵人再開槍，那麼克敵致勝的效率不是高得多了嗎？這就是我要強調觀照到那個習性「浪頭」爲什麼如此重要的原因，也是日後每位同學所要精進的方向。

在二階禪修的前幾堂課，我針對這點做了完整的說明，學者若能在「喜怒哀樂之未發」的觀照上加強，便能輕易地掌握喜怒已發的「浪頭」的蹤跡了。總之，沒有清晰地看到「浪頭」之前的練習，都是囫圇吞棗式的練習，偶而成功則是瞎貓碰到死耗子的成功，這種成就忽得忽失，將誤導你對黃庭禪的體悟方向，也會影響你對這門絕學的觀感。

因此如果你想深入黃庭禪，請務必先找到習性的「浪頭」，再針對習氣興起時的「浪頭」，心甘情願地觀照能量的清眞實相，在每個浪頭打上來時，練習不讓它夾雜一丁點好惡，才能免除貪嗔好惡的捆綁。我知道每個人都會在這個重點裡花上好多的時間，但這是你必經的道路，我只能指引出你的方向，而踏實地去走每一步則是你自己的責任。

接下來我要談談深入黃庭禪的第四個步驟：在一塵不染的本心上建立起德

行來。常有些學了黃庭禪的人，疑問地說：「難道修行就只是觀照內心的實相嗎？其他什麼都沒了嗎？」這話問得很好，修行當然不只是觀照內心的實相，更重要的是在你的內心建立起什麼德行來。然而要建立你的心德，必須要先有一個乾淨的內心才行。這就像我們在蓋房子前，先要把地上的垃圾全部清除乾淨，把凹凹凸凸全部鏟平一樣，這只是要蓋大樓前的基本工，任何想蓋大樓的人，都免不了這個程序。而最後這塊地上能蓋出多大格局的建築來，就會因人而異，就要看每個人所下的功夫。

學習黃庭禪也是這樣，觀照不分別取捨的實相只是第一步，這個步驟若成功了，接下來就要在日常生活中去建立自己內心的品格，也就是「忠孝節義」的氣節，以及「仁義禮智信」的德行。而在累積這些德行時，「知言」的能力更是倍加重要，因爲若沒有知言的能力，你怎能分辨得出此時所養出來的德行，所養出來的氣，是純正的呢？還是依然夾雜著不淨的心思呢？這就是爲什麼孟子把「知言」放到「我善養吾浩然之氣」前面的用意。

等這些德行都純正了，都完備了，就是這個人修行的「格局」已經造就好了，在人間的聖賢君子，就是依這些德行的純熟度來論定的，而天界的佛得證什麼果位，也是依照你在乾淨的地基上所蓋上去的格局來論定的。因此這第四個步驟，才是學習知言及觀照自在實相的目的呢。

最後我要來談談黃庭禪的第五個步驟：因內心的清靜及心德的建立，而轉動身中那個剛健浩然的氣輪，使法身漸漸向返本還原的道路前進。有關這第五個步驟的大致內涵，請至黃庭禪網站下載《撥雲見日》一書便能明瞭。

以上這五個步驟便是黃庭禪這個直指人心的法門所為眾生舖設的階梯。從第三個步驟到第五個步驟，沒有一件是簡單的事，以至於雖然每個人偶而也能嘗到一點味道，卻又常常感覺忽得忽失，這也正是黃庭禪這學問會同時讓人感覺既平實又精深的原因所在。而這五個階梯必須用「知言」的基本功夫來貫穿全局，才能確保每一個步驟都走在正確的道路上，這也是我為什麼要花那麼長的篇幅，不厭其煩地闡述「知言」這兩個字的原因。

正如美國心理學家馬斯洛所說：「心若改變，你的態度跟著改變；態度改變，你的習慣跟著改變；習慣改變，你的性格跟著改變；性格改變，你的人生跟著改變。」說得簡單一點，心要改變了，你的人生才能改變。而這個改變非得要先「知言」，才能得到一個好的開始，要先知言，才能覺察到自己有向正路歸正的必要。否則就像現在舉世的眾生一樣，既然無法知言，衝刺了一輩子，又能改變到哪裡去呢。

這讓我想起，整部《論語》最後壓軸的一段話，子曰：「不知命❻❶，無以為君子也；不知禮，無以立❻❷也；不知言，無以知人也。」沒想到整部兩萬多字的《論語》，竟然是以「知言」兩個字作總結。因為不知言不僅無法知人，也無法知己了，不知人也不知己，豈不是糊糊塗塗瞎作為，還怎麼做個明理的君子呢？

孔子在《易經繫辭傳》的最後也提到：「將叛者其辭慚❻❸，中心疑者其辭枝❻❹，吉人之辭寡，躁人之辭多，誣善之人其辭游❻❺，失其守者其辭屈❻❻。」其中這個「辭」字，就是「言」字，瞭解各種辭背後的心聲，就是「知言」。由此可知「知言」這兩個字在古聖人的心目中，占有多麼重要的地位了。真是感謝孟子再度提到「知言」這兩個字，使我們注意到這兩字的重要性，也使得古往今來無數想要眞修[67]的人，有了一個確實可以掌握及落實的方向。

身爲中華子民的一份子，有那麼多好文章可以讀，蒙受那麼多英明睿智的先聖先賢的指引，而今有機會盡上我一份微薄的力量，將這古聖先賢的交付發揚光大，爲中華文化的傳承盡一份心力，眞是爲此感到無比的慶幸與光榮。也希望所有的讀者，不要總認爲外國的月亮比較圓，不要背起行囊總是往外跑，我們應該多認識我大中華文化的博大精深，並將它發揚到世界的每個角落，讓中華文化眞正發出光彩來，使世人的內心都能得到淨化，這是每個中華子民的衷心期盼。

---

61 命，即天命。不知命，意指不懂得事物生滅變化都由天命決定的道理。
62 立身處世。
63 慚形於色。
64 枝枝節節，不能斬釘截鐵。
65 浮游不定，閃爍其辭。
66 不能理直氣壯。
67 精誠修持。

第二部

《中庸首章》

天命之謂性，率性之謂道，修道之謂教。

道也者不可須臾離也；可離非道也。

是故，君子戒慎乎其所不睹，恐懼乎其所不聞。

莫現乎隱，莫顯乎微。是故君子慎其獨也。

喜怒哀樂之未發，謂之中；發而皆中節謂之和。

中也者，天下之大本也；和也者，天下之達道也。

致中和天地位焉，萬物育焉。

【新解】《中庸首章》

《中庸首章》只有一〇九字，但《中庸》全書共有三十三個章節，大多數的人總覺得這些章節看起來好像都不相關似的，其實這三十三章結構井然，它的每一個章節，都是根據第一個章節中一〇九個字的經義所衍生出來的。

那麼你也許會問，到底要用什麼精神作爲主軸來讀《中庸》，才能貫通所有的章節呢？你有沒有發現，不論讀什麼經，好像總是讀不懂，不是上一句跟下一句不能連貫，就是上一章跟下一章被我們解得好像毫無關係。明明是一部完整的經，卻被我們解得七零八落。

那是因爲我們在讀每一個章節時，都沒有依據一個共同的主軸來思考它，因此我們常狹隘地讀著上一句，自以爲好像讀懂了，但卻無法把這個精神連接到下一句、或下一段，更遑論這一章的經義怎麼連接到下一章呢？

「經」這個字的意思就是「主軸」，不變的「主軸」叫經。像地球的經度一樣，它就是地球的「主軸」所在。因此經典就是在寫一個不變的主軸，只有永遠不變的主軸才叫「經」。之所以稱爲經，就是因爲其中有一個不變的眞理存在。

那麼看《中庸》三十三章要以什麼爲主軸才能貫通全經呢？就是要以這第一

章所述說的義理爲主軸才能貫通。

不只是《中庸》這本書，其他像《道德經》總共有八十一章，要以什麼義理爲主軸才能貫通這八十一章呢？也是要以《道德經》的第一章所述說的義理爲主軸，才能貫通八十一個章節。又如《金剛經》，它的第一章只是個開場白，但第二章馬上說明整部《金剛經》的主軸所在了。

然後聰明的你可能又會問：「那麼《金剛經》與《道德經》、《中庸》，甚至其他更多經典間，有沒有一個共同的主軸在維繫著、在貫穿著呢？」這其間當然有一個共同的主軸存在著，若是沒有一個共同的眞理爲主軸，那麼天下的學問豈不是分崩離析了嗎。

而這個天下千經萬典間的共同主軸又是什麼呢？其實這個共同的主軸早就已經隱藏在每一部經典的第一章或第二章裡面了。聖人是非常聰明的，他們在每一部經典一開始的前幾章，便會把這個主軸給說個徹底明白。

各教經典都在跟我們宣示幾個重要的道理，那就是……

貫穿整個宇宙的眞理是什麼？而這眞理與「人」又有什麼關係？人生的主軸

究竟爲何？什麼才是生命中最主要的焦點所在？人生的價值爲何？要如何才能活在眞理之中，得到眞理的好處？

這些重要的問題，各教聖人們在著書立說時，都會在經典一開始的前幾章，就把它宣示得明明白白。但因爲經典的字很短，而隱藏的意義卻很長，所以要瞭解這個經典中所隱藏的眞意，還眞是個不簡單的課題。因爲要解開這些謎底，必須對自己的內在做非常深入的觀照，將經典中的字句拿來與內在的觀照做一個詳細的比對，才有辦法瞭解各宗派經典所要表達的眞實意義來。

現在就讓我們藉由《中庸首章》的短短文字，來嘗試尋找這部經典所要述說的眞理所在，並且試試看這眞理要如何貫穿在我們的日常生活裡面，如何貫穿在我們生命的每一刻裡面，甚至貫穿在每一個宗派、每一部經典、每個章節、每一句話裡面。現在就讓我們來欣賞《中庸》第一段：

「天命之謂性，率性之謂道，修道之謂教。」

我們通常喜歡把這三句話，稱爲《中庸》的「三綱領」，意思是說它是整部《中庸》最重要的部分。然而這三句話其實依然只在說明一個主軸，並不是三個。現在我們依序來說明。

【天命之謂性】

先說什麼是「命」？這個命字是由「人一叩」三個字所組成的，意即它是如此地崇高，如此地萬能，你只能接受，而無法抗拒，因此叫做「命」。就像這生命是老天爺所給的，老天所賦予的，你無法拒絕就已經來到這世上了，好像有一個非常巨大的力量在主宰著這一切，人們根本無法抗拒，因此我們叫它「命」。

例如你的父母是誰，你無法拒絕。你會長成什麼樣子，天底下再也找不到第二個你，而你卻長成目前這個樣子，你無從選擇。你沒有辦法先跟老天爺打個商量，說你想生個什麼樣的眼睛，什麼樣的鼻子。沒有辦法的，你一生下來就註定了，這就是「命」。

一切你無法拒絕的，無法離開的，而卻又是你的生命的主軸，這就是命。不只是你的外表這樣，這個無可拒絕的命，在我們的身內也是一樣，生命是一股能量，自有一個獨立的規則在蘊化著，每一分、每一秒它都陪伴著你，一刹那你都無法離開這股能量，它是天給的，你無法抗拒，這個無可抗拒的命裡面，好像有著一個規則在控制著你的一切，那個規則眞是奧妙到難以言喻，但確實有一個規則存在，聖人就勉強稱那個生命中不變的奇妙規則爲「性」。

是「性」造就了你，任何人都無法更改，也無法拒絕，那才是你眞正的本質，那本質是老天給的，子思爲了告訴我們這個生命的本源，所以講出「天命之謂性」這句話。

不同類的萬物都有不同的本質與規則，而同類的萬物都有相同的本質與規則，那個本質與規則就是萬物的「性」。例如芭樂有芭樂的性，蘋果有蘋果的性，芭樂是絕對長不出蘋果的，因爲它們的性，也就是它們的造化規則是不一樣的。而我們人類也有一個天賦的本質與造化規則，那個人類特有的本質與造化規則就是人們的「性」，也就是你我的「性」。

試想一個內在的造化規則有什麼善惡可言呢?實際上它不適合以善惡這兩個標準來衡量，因此如來佛說：「性不善不惡。」但能夠維護自己的本性圓滿無缺的人，其言行給人的感覺總是敦厚善良的，因此孟子根據其外在給人的感覺而說：「乃若其情（看起來的樣子），則可以爲善。」也就是說，這兩位聖者所說的性理其實是完全一致的，但未識透這個內涵的眾生，卻因宗派的不同而自生歧見。

【率性之謂道】

沒有扭曲、非常自然、非常順暢叫做「率」，順著萬物的自然叫做「率」。但子思所說的「率性」，跟現在一般年青人所體認到的任性是不同的，率性是順著老天爺給我的那個生命本質，順著那個天然的造化規則，而不是順著我的慾望去隨波逐流。

我的那個本質是天賦的，那個本質在天就稱爲「道」，賦予人之後在人身上就稱爲「性」。也就是說「性」即是身中的「道」，因此能率性的人，就是得證了一身之道的人了。

簡單地說，道在哪裡呢，就在你的「性」裡面。對修道有興趣的人常說「求道」、「得道」，道在哪裡呢？原來它早已在自己的性中了。而這性從哪來呢？「天命之謂性」，性是來自於老天的賦予，是天給的，因此叫「天命」。

老天爺就是道，老天爺把祂最精妙的道，最精妙的造化規則，最精純的無極
68 一股眞氣，分一丁點賜給了你，投入了你的身中，成就了你生命中非常精妙、無可抗拒的本質。天已經把祂最寶貴的東西給了你，而那個東西在你身上叫什麼呢？就是你的「性」。因此眞道已經在你身中了，時時率著你身中的天性，就是在接近大道了，就是在修道、得道之中了。

天地萬物都是老天爺所生的，都是老天爺的一點眞氣所長養的，所以天地之間何處沒有道呢？老天爺創了一棵蘋果樹，那蘋果的「性」已經藏在這棵樹裡面了，蘋果樹就是因爲率著它的「性」，所以才能造化出蘋果來。

老天爺又生了一棵芭樂樹，那芭樂的「性」也已經在這芭樂樹裡面了，這個

芭樂樹也率著它的性，所以才能結出了芭樂的果實來。

那麼老天爺造了一個人，人的性已經隱藏在我們的身體裡面了，人如果能率著我們的性，那將會結出什麼果來呢？那個果就是「佛」。佛是我們的「性」所造化出來的結晶，顯現我們的性，率著我們的性，慢慢就能造化出佛果來的，因此如來佛說：「見性成佛。」意思是說要成就佛果，必要先顯現我們自己本性中的造化規則來，才能造化出佛果的。

天下萬物都早就走在它們應有的軌道上，也都在率著它們的性，而結出該結的果。只有自以爲聰明的人類，會用他們的七情六慾，擾亂他們本性的特質與規則，使得他們本性中的造化路線，偏離了應有的軌道，因此成就不出佛果來。

如果我們把人想像成一棵樹，它應該結出來的果是什麼呢？那個果就是「佛」。是金剛法身！也是純陽法身！

68 形成宇宙萬物的本原。

率我們的性，便可以成佛，便可以煉就我們的金剛法身，可以成爲聖賢。然而幾乎所有的人，並沒有依照老天爺所設計的造化規則前進，因而偏離了應有的路線。大多數的人不論他多麼聰明，作爲多麼傑出，最後都好像被一個不知名的力量所設定，不斷地讓自己的造化往一條陰魂的方向前進而已。

這就像是砲管裡已經裝滿了火藥，砲管仰角幾度？放多重的炮彈？這些條件一旦被設定後，這個炮彈從砲管裡打出去，大概能飛多遠？應該在哪裡落地？這些都已經是定數，都是算得出來的。也就是說，它已經被一個固定的物理規則給限制住了。萬物都像這樣，都有一個性理中的規則來鎖定它，依據該物目前正在執行的性理規則，便可以知道它將去的方向了。

我們人的生命也是一樣，自從有了這個生命之後，我們已經具有一個性理與規則了，率著我們那個本性內的規則，就能圓滿我們的生命，也是圓滿了我們的一身之道，而得證我們應有的佛果了。但這過程中若加上了不利的因素，致使本性的造化規則產生了偏差，那麼我們的造化路線將起了變化，我們的成就也將大大地受限。

就像一個蘋果樹的種子種下去，它率著自己的性，透過日夜的物換星移，四季的更迭，不斷地觸動裡面生生不息的本性造化，於是能結出蘋果的果實來。這是因爲這棵果樹能夠率性的關係。然而如果我們在果樹的成長過程中，在它的樹頭加了很多毒素，去迫害了它的性，它可能還可以繼續成長，它雖然沒有立即死去，但是它已結不了果了。或是它結出來的果是扭曲變形的，或者它只開花而不結果，這些都是有可能的。這都是因爲它的造化之性已經大大地受限，偏離了應有的軌道了。

現在把人想像是一棵樹，每個人都可以結出應有的佛果來，但自有歷史以來，你看過幾個人結出應有的佛果來呢？很少很少！這又是爲什麼呢，因爲在生命的過程中，我們讓某些看似微不足道的因素，大量地扭曲了我們本性中的造化，使我們周身氣機百脈的造化路線，完全偏離天賦的常軌，所以沒有辦法得證天賦的圓滿之道。

聖賢仙佛們只是圓滿了他們的天命之性，圓滿了他們的生命本質，便獲致本性中的無量法益[69]。因不忍看到眾生們因爲無知地扭曲了他們的性，沉淪於苦海[70]

之間，於是在各教中提倡本性的教化，勸導眾生如何率他們的性，如何圓滿他們的一身之道，如何結出應有的佛果來，這便是各教聖賢仙佛著書立說的渡世苦心。

「性」這個字眞是不容易讓人明白的，自古以來這個字不知困死多少聰明絕頂的英雄好漢。人們常說性就是「善」，性若只是一個「善」字如此地簡單，那麼世面上的行善團還不多嗎？古人何必不遠千里去尋訪明師呢？

既然人的性這麼不容易瞭解，不如就讓我們先想想萬物的性吧。水的性致使水不斷地往下流，木的性致使樹木不斷地往上生長，蘋果的性致使它長蘋果，芭樂的性致使它長芭樂，如此看來「性」是一種動態的造化規則與特性，並不適合引用「善」或「惡」來衡量的。

好比你說水不斷地往下流是善還是惡呢？實際上這性質與規則無法用善惡來衡量，它只是一種存在該物裡面的一種特質與規則。萬物都有一個屬於自己的特質與規則，人爲萬物之一，是否也應有一個屬於人類特有不變的造化規則存在呢？若有的話，那就是我們的「天命之性」了。

雖然「性」這個字不好懂，但還好它已經與生俱來了，只要我們能夠順應它就可以走向成就的正路。好比蘋果樹不必懂自己的性是什麼，但卻因自己的性而造化出一顆顆亮麗成熟的蘋果來是一樣的。是萬物各自具有的「性」成就了世上的一切，因此世上再也沒有比「天命之性」更爲可貴的東西了。

沒有了性，萬物的規則都亂了，世上還有什麼不變的定理是值得鑽研學習的，還有什麼偉大的成果是可以期待的呢?世上的一切成就，皆因萬物的背後有一個「性」字，在主宰著這一切，但這個「性」眞是不好懂，世上再聰明的人都無法眞正瞭解它的始末。但還好它已具足一切，且已經與生俱來，任何人只要懂得運用它、啓開它，再笨的人都可以得到最大法益，不分智愚，人人所固有。這就是《中庸》的第二句……「率性之謂道」的用意了。

69 因實踐佛法而感受到對生命的益處。

70 比喻苦難煩惱的世間，也比喻困苦的處境。

【修道之謂教】

這話的意思是說，能夠教導我們去圓滿自己的一身之性的這種團體，我們就稱爲「教」。「教」這個字，你可以套上任何團體的名稱，好比佛教、道教、天主教、基督教……，「教」可以有很多不同的名詞，因爲宣揚眞道的團體，可以立起各種不同的名稱，但它們組成的目的，都是要以引導人們去照見純眞的本性爲主軸，才不失去這一個宗教團體成立的本意。

簡單地說，「教」的目的是什麼呢？都是爲了修道，也就是爲了圓滿自己的本性，任何一個宗教團體不能離開修道這個最重要的宗旨，一離開了本性的造化，即使再怎麼師出名門，教育推行得再多，古人一概都稱之爲「外道」了。

所以修道不能離開率性，性是人類與生俱來的造化本質，能夠引導人們去照見一身的本性，啓開本性中足以成佛的造化，這種團體稱爲「教」。一離開了這個宗旨，雖然掛的是宗教的招牌，有著非常大的道場，做的也都是有益眾生的善事，但在古人的眼中，那只是個行善團體而已，卻失去了「見性」的主軸教育了。

因爲「教」不僅僅只是一個行善做環保的團體而已，行善的團體叫行善團，與推行「本性」的教還有一段距離的。但人們卻以爲「教」就僅僅只是一個行善的團體，所以常有很多人行善了一輩子，卻不知道什麼是照見我的自性，一直以爲行善就是照見自性了，這實在是莫大的誤解。

《易經》曰：「繼之者善也，成之者性也。」意思是說，在修行的路途上，提倡一個大家比較容易聽得懂的德行，來引誘眾生繼起向上，這個東西便是「善」；而能夠讓你達到究竟成功的目標，卻只有「性」這個字而已。也就是說「善」字與「性」字，是有很大差別的。「善」字是暫時的手段，而「性」字才能指引你走向究竟的道路。

所以任何教派，他們說法的語言可以不同，比喻可以不同，方式可以不同，但都不能離開一個共同的主軸，這個主軸就是道、就是性，這點是永遠不能離開的。一離開了這個主軸，古人就譏爲「外道」了。

外道不是我這個宗教以外，而是離了性道的人。現在的人常用外道這個名詞來把別的宗教區隔在外，而忘了檢驗自己的修持有沒有離開性道[71]已經越來越遠，這叫本末倒置。

道是宇宙的定律，定律就是永遠不變的規則，它難道會因爲哪一個宗教的提倡而有所改變嗎？就好像水的性質，不論在世界各地，它永遠都是往下流的，不論在哪一個名人面前，它還是依然故我地往大海流去。既然道不因某教的提倡而改變規則，而道又只有一個，佛性也只有一個，那麼各教聖人的論述主軸會有所不同嗎？當然不會，而且是完全一致的。任何宗教的論述，都不能離開老天爺給你的這個「天命之性」的。

人類爲同一類，既然我們已經被歸類爲同一類，當然表示我們的「性」是完全一樣的。各教聖人講一個完全一樣的性，講到最後竟會變成完全不同嗎？不會的，他們的文字可以不同，比喻可以不同，但所指的都是同一個究竟的事實。

就好像同一種類的蘋果，它們有著完全相同的性，因此它結出來的蘋果就會具有相同的樣子，它的樹形、樹葉也差不多就是那個樣子。任何看過這個事實的人來寫它們的樣子，儘管文字可以不同，比喻可以不相同，但內行人一看就知道他們在講完全相同的東西。

所以每一個宗教的內在本質，應當一樣？還是不一樣？它應當完全一致的。因爲他們都在談一個完全相同的「本性」。但是現在宗教這麼多的紛爭，彼此間有這麼多的毀謗，爲的是讓自己所崇拜的宗教變成獨一無二的，變成是最高最好的，讓別人的信仰變成根本都不算數的，這實在是那些見解不深的派別熱情崇拜者，所玩弄出來的偏見，而非創教聖人的本意。

眞理不侷限在國界，不侷限在宗教，因爲它是全人類共同的規則。人性也不侷限在老人，不侷限在年輕人，不侷限在男，不侷限在女，因爲人性是全人類完全一致的規則。而我們卻因爲一個完全相同的眞理、完全相同的本性，而起了這麼多的分別與爭執，這些修行人的迷昧眞是比凡夫還要深呀。

修持這個完全一樣的天賦本質的團體稱爲「教」，不論你賦予給它什麼團體名稱，它都必須有著完全相同的內涵。那個內涵是什麼呢？就是完全一致的「天命之謂性」。因此每個宗教若不偏離這個主軸，那麼它的內涵必定是完全一致的，是完全互通的。但世上卻也有著爲數不少的知名道場，四種旁門。打著古聖人的宗教旗號，教導的卻都是一些與開啓內在本性造化無關的事，全是一些外在的事，甚至不惜用貶低其他宗教的手段，來提升自己的獨特性，這也是個不爭的事實。

性是與生俱來的造化本質，好比蘋果樹之所以能造化出蘋果的那個本質在哪裡呢？就在整棵蘋果樹裡面，而不是在皮的外面，是在分分秒秒的造化裡面，而不是某個特殊的片刻。

若是蘋果樹有知的話，它要找它的性，它要往皮的裡面去體會，還是到外面去尋找呢？當然在自己的表皮裡面才找得到的。那麼我們人類的本性在哪裡呢？當然也在我們的皮膚裡面，在整個生命的內部分分秒秒地造化著。也就是說要體驗自己的本性，你要從我們內在去觀照？還是一定要到新疆、印度，或喜瑪拉雅山上去才找得到呢？性是與生俱來的，這一切的答案，當然都只在自己的皮膚裡面，而非在外。因此《道德經》才會說出：「其出彌遠，其知彌少[72]」這樣的話。

一個致力於宣揚內在心性本質的團體，要不要立個名稱呢？當然是必要的，沒有名稱終究會淪爲一盤散沙的。然而一立起了教名，人們便又開始賣弄起崇拜熱忱來，不斷地吹噓自己宗派的殊勝，不斷地貶低他教，不斷地在自己的佛像前狂拜，以便得到什麼特殊的好處。然而這些行爲都足以製造出無盡的宗教隔閡。這實在是一個宗教家不當有的狹隘胸襟。遙想三教未立以前的古人，他們見了面不必比較宗派的高低，他們只須討論什麼是人性不變的眞理，那是何等幸福的世代呀！

因此在這兒我要呼籲所有走在宗派裡修行的人士，不論你是佛教徒、回教徒、基督教徒、一貫道徒、道教徒、還是新時代靈修的追隨者，請放下唯我獨尊

72 我們向外跑得越遠，自己所知的「道」就會越少。

的宗派歧見吧。此刻你所需要的，是檢驗自身的修爲，是否源於內在本自具有的本性，是否不假任何外在人爲造作或祈求，是否「不以色見我、不以音聲求我73」，是否「離一切相」，是否「如實觀照」，是否遠離「術流動靜74」的迷惑，是否遠離「怪力亂神」的邪見……，而不是以站在五十步的姿態，卻要去笑百步的無知。

有了以上三綱領的認識，讀下面的文章，才能讀出味道來。下面這段文章是接著說明，天給的性到底是什麼東西？還有天給我的性爲什麼我還要修？要怎麼修？修行的主軸是什麼？……等等的問題。我們接著看下文。

【道也者不可須臾離也，可離非道也】

「須臾」是多久？一彈指叫做須臾。子思說「道」這個東西具有什麼特性呀。它最主要的特性是「連一彈指的時間都無法離開」的呀。「可離非道也。」這句話是說，可以讓你離開一剎那的，都不是天賦的眞道，不是生生世世永遠都陪伴著你的道。道創造了你，道的特質就是你根本無法離開一剎那的，好像叫你離開你自己一般，這事你根本做不到的啊。這句話講的眞是太好了，因爲這句話讓我們有所依據，可以判斷出什麼是道，而什麼不是道了。

我們前面談到修道就是率性，那麼「性」是什麼呢？不好說明。眾生常常疑惑，到底什麼是我的性呀？子思爲了解開這個每個人都有的疑惑，他說性這個東西呀，是沒有辦法離開的，即使是一剎那也離不開的呀。

各位聰明的人們應該想想呀，什麼東西是做人也好、做鬼也好、做佛也好，生生世世的輪迴也好，都沒辦法離開一剎那的呢？最親的父母妻兒最後要不要分開呢？最愛的鑽石、瑪瑙、名利、地位……，最後要不要分開呢？甚至最珍貴的呼吸，最後要不要分開呢？想想你現在身上所摸得到、看得到的，有哪一項是永遠都不可能離開的呢？想想大限一到都是必須離開的。

73 即不以外在一切形色、名利、功業的成就，作為抨論修行正確與否的標準，因一內一外，兩不相干。
74 法術、念咒、煉丹、打坐等旁門左道。

有的人以日日唸經、唸佛號爲道，拿著木魚一直敲、一直唸，正在唸的時候它是沒有分開的，但他休息一下去喝杯水，離開了沒？離開了！

有的人以打坐爲道，坐累了站起來的時侯，離開了沒？離開了！

有的人崇尚站著不倒，叫做「不倒丹」，站著一天、五天、十天，一直站著，都不躺著睡的，夜裡拿著拐杖睡，然後猛點頭。站著睡是很難的，但是以此爲德的人，站到人生最後要不要躺下，還是得躺平平的給後人笑的。

有的人以坐著不起來爲道，有的人以站著不下去爲道，這些修行的毛病，實在是大出我們的意料之外。但最後都離開了沒呢？都離開了。記住呀，可以離開剎那的都不是道啊。

那麼什麼東西才是你從有這個靈性以來，歷經無量百千萬億劫，連一剎那都不曾分開過的東西呢？找到這個東西以後，在這個東西上用功，才是在圓滿你的本性呀。什麼東西是永遠沒辦法離開的呢？想想看呀。若能找到這個東西，並在這個東西上面有所成就，那麼便是永恆不朽的成就。若是在一個可以離開的東西上面用功，縱然有所成就，那也不過是火石電光般的成就而已，有什麼值得努力的呢？

常常有人喜歡空談「生命的意義」。你有沒有想過，你的眞正生命在哪裡？永遠跟著我，陪伴著我，不曾離開過我的東西是什麼？那才是我眞正的生命。若是這點沒有找到的話，空談生命的意義豈不是太短暫，且太虛幻了嗎？找不到這個東西，你所有的努力並非在圓滿你的生命，而是在圓滿一些看起來暫時存在，而它馬上要離你而去的虛幻成就而已。

爲了釐清這個盲點，子思特別舉出「可離非道也」這句話，表示這是老天爺給你那個無法抗拒的東西，你想離也離不開的，這東西正是你那眞我的生命，及你那本性的所在，這個東西此刻就存在你那短暫的身體裡面，即使有朝一日你的肉體四大[75]分散了，做神做鬼它還是陪著你的，它正是你的生命主軸，永遠不會與你分開的。此刻你想要認識它，你得要往身內觀察才能有所發現，若是你一直

75 道、天、地、人為四大。

往外看的話，不會有絲毫收穫的。

子思談到這裡，那個「不可須臾離也」的東西到底是什麼？還沒說出來。爲了慢慢引導我們接近這個重點，子思便鋪陳了以下這段文：

「是故君子戒愼乎其所不睹，恐懼乎其所不聞。莫現乎隱，莫顯乎微。」

子思說最該戒愼恐懼的東西是「不睹不聞」的，它不是用眼睛可以看得到的，不是用耳朵可以聽得到的，因爲它就在你的身內，除非你去「感覺」它，否則你無法認清它的樣貌。

子思又說這個東西「莫現乎隱，莫顯乎微」，它深藏在內，所以非常地隱微，人們常會忽略了它的存在，但它對人們的影響，卻是如此地明顯，只要一個人的內在微微地一動，不僅外在整個人的言行都被撼動了，而且還可能影響到周圍所有的人。所以子思要我們以非常戒愼恐懼的態度，往內觀察它、覺知它的存在。

人們的習慣，眼睛一張開，就是整天往外看，耳朵也是整天往外聽，這是美的、這是醜的，這是尊貴的、這是卑賤的，這是光榮的、這是羞辱的……，我們不斷地往外追尋。但一個君子修行，他不是往外的，他是專注在內的，因爲內在的發生才是自我人格與生命意義的最重點。「莫現乎隱，莫顯乎微！」這兩句話，是表示內在那個隱微的東西，所發出來的力量，才是眞正可怕的。

仔細思索子思的文章，到這裡每個人都會在內心產生疑問，到底子思所指的是內在的什麼東西呢？剛開始往內觀察的時候你會很茫然，子思到底要我觀察什麼？要我找什麼？什麼才是我生命的本質？什麼才是一剎那都離不開的東西？

雖然你還感受不到任何東西，抓不到觀察的主軸，然而你卻感受得到，你的內在有一個隱微的東西，力量非常巨大，它深深影響著你的思考、情緒、甚至一舉一動。

例如我們莫名其妙地開始擔憂，我們莫名其妙地開始煩躁，有一個感覺，使你的腦袋停不下來，使你坐立難安，甚至驅使著你不停地走動。有的人必須要讓自己感覺很忙碌，若是一靜下來就慌、就擔憂、就煩躁、就不舒服；有的人則必須讓自己很安靜，一動就不舒服、就煩躁不安。

這都顯示著有個內在的力量在控制著他們的情緒與作爲，那個東西形成人們的個性與作爲，也形成各種的執著、各種的毛病。你可能讀到了大學，讀到了好幾個博士，你可以懂很多的道理，但你有時可能連讓自己平靜下來，或快樂起來的能力都沒有。你不知道被什麼力量給控制了。你找不到它的蹤跡，因爲它深藏於你的內在，它很隱微，可是你知道它的力量卻大的不得了。因此子思以「莫現乎隱，莫顯乎微！」來形容它。

你知道這個力量此刻正存在你的身中，而非在你的身外，想要瞭解它，你必須慢慢地觀察，才能找出所有問題的癥結所在，也找到原有清眞的本性來。而下文正是道破照見那主角的原則。

【是故君子愼其獨也】

什麼是「獨」？大多數的人用「一個人獨處的時候也不會做虧心事」來解釋

「愼其獨」！這樣解釋雖然容易懂，也一直廣爲大眾所接受，但這卻是一個淪落到往外解釋的方式。而《中庸》的「率性之謂道」主要是指內在的修爲，而非外在的形式。因此這種解釋方式恐有違「不可須臾離也」的原則，也違背了心性在內不在外的原則。因此這種解釋方式，可能並非子思的第一義。那麼「獨」這個字還有別的涵義嗎？有的，在古聖賢的眼中，「獨」這個字，一直是「不受他物污染的純淨本性」的代名詞。

例如在《南華經》裡有這麼一段：「已外生矣，而後能朝徹；朝徹而後能見『獨』；見獨而後能無古今；無古今而後能入於不死不生。」這段話的意思是說，連生死的相都迷惑不了時，內心才能像清晨一般的清澈；內心清澈了，才能照見自己與生俱來的純眞本性；本性是超越時空的，因此照見那純眞的本性，便能進入無古無今不生不死的永恆生命了。

以上《南華經》裡的這個「獨」字，若是把它解釋爲「一個人獨處的時候」，便與上下文完全不能連貫了，因此「獨」這個字在古人的眼中，有更寬廣的涵義存在。

曾子在補述《大學誠意章》時，也曾提到「君子必愼其獨也」這樣的句子，而在《大學證釋》這本書裡也有這麼一段：「愼獨無非戒自欺也，以其『自』也，唯獨自知，人不得見而己獨見焉，故曰『獨』。此妄念一生之時最傷其眞，如惡臭好色，常起念於無人之時，無聞之地，妄之所至，無所不爲，惡成而氣損矣。溯其初，皆緣『獨』時一念，凡人之善惡，莫不由於一念，以其屬於一念，故曰『獨』，謂其正『微』也。」

可見《中庸》、《大學》的「愼其獨」，以及《南華經》的「朝徹而后見獨」，這幾個獨字，都是在指每個人身中那個念之初發，或是清眞純一的本性，因爲沒有後天的情識來污染，只維持其原來的純眞，所以稱爲「獨」。

而在實務的返觀覺照中，透過慢慢地觀察，逐一地釐清，撥開原有的混亂，使之歸於原來天賦的本眞，就是「見獨」了。見獨就是照見心性的本眞，讓本性單獨地存在，不使它攀附任何貪嗔的分別情識，只允許它存在單獨、純淨的原貌。古老的聖賢君子畢生修持所致力的，正是以此專一純淨的本質爲重。也由於這個修持主軸的關係，也才有中華民族「精一執中[76]」的博大文化內涵的存在，而對於本性精一執中的內涵，也正與此處的「慎其獨也」不謀而合。

只有如以上將這個「獨」字往內去解釋的方式，才能與上下文連貫，若是把這個獨字用「一個人獨處，外面沒有別人」來解釋，便要與「率性」的前後文連結不起來了。我們要相信，聖賢的邏輯能力是非常強的，他們在寫書的時候，絕不會前兩句與後兩句寫得毫無關聯，而是一個主旨貫穿全篇。子思上幾句說「可離非道也」，接著馬上又說「是故君子慎其獨也」，因此這個「獨」字，當然指的是前面那個「想離也離不開」的東西才對。

因此子思所講的戒慎不睹、恐懼不聞、莫現乎隱、莫顯乎微、以及這個「獨」字，所指的都與這句「可離非道也」有密切關聯的，都是連一剎那都沒有辦法離的。聖賢不會像我們這些凡夫俗子，寫個短短的文章，或是讀個短短幾段話，老是沒頭沒腦的，才隔沒幾句就離開主軸了。

76 道德修養的精粹純一，持中庸之道，無過與不及。

而那個「不可須臾離也」的東西究竟是什麼呢？想要知道答案，就必須再回到前文，《中庸》這篇文章開宗明義便已指出「天命之謂性」。那個一剎那都離不開的東西，正是我們的「性」。而我們的性現在在哪裡呢？它此刻正在我們皮膚裡面。就算是人死了之後，臭皮囊丟掉了，但它依然存在我們的法身裡面。它正是我們生命的主軸，它生生世世、分分秒秒都與我們同在，你連一秒鐘都無法離開它的。

但它在身中是如此地隱微、如此地容易引起混淆，因此很少人能眞正地認識到它的存在，又更少人能認識到它的純眞。然而每個人卻都深深地受到它的控制，它是如此隱微，而又是如此巨大。因此說「莫現乎隱，莫顯乎微」。

「性」這個簡單的字，自古以來，眞是不知困死多少英雄好漢。你看如來佛悟了多久，才悟到一句話：「奇哉！奇哉！萬物皆具佛性！」連這麼聰明的人，悟了多久才悟出一個「性」字來，可見這個性字眞是不易體會的呀。

在修行的領域中，每個人都以爲讀過幾本講了「本性」的書，就懂本性了。或是以爲能夠動筆翻譯本性的人，或是能夠上台宣講本性的人，就是懂了本性了。但要記得，本性不是一個名詞而已，本性是一個天然、奇妙的造化規則，誰能啓開身中那個本自天然、不假人爲造作的奇妙造化，以著這個造化踏實地走在漸漸成佛的道路上，這才是懂得本性的人，才是照見本性的人。

既然本性不管我當人也好，當鬼也好，當佛也好，一刹那都沒辦法離開的，那麼可見它現在正在我的身內，只要我們一閉眼返觀，它必然存在於當下的。不論再聰明的人也好，再笨的人也好，只要一返觀，它必然存在的。因爲他們此刻都擁有自己的本性。

那麼它到底是什麼東西呢？雖然它無時無刻都在，但一個人開始學習往內觀照，若沒有明人指點，觀照三年五載，你還是一臉茫然的。你依然常常納悶，到底它是什麼東西呀？

以前我有一個學生，我叫他閉著眼睛內觀，觀了一個月，他向我說他觀出一個成效來了。我說什麼成效？他說他在胸膛中觀到一隻佛的手掌。我說「停留多久？」他說「大概有三分鐘。」我說「三分鐘後呢？」他說「不見了。」我說「可離非道也。」

各位，所以要不要讀聖賢書呀？聖人說「可離非道也」，就算如來佛的佛手進入你的胸膛，那又怎麼樣？祂是祂，我是我，就像兩棵緊鄰的樹，那一棵樹的樹枝伸入我的樹叢裡，那又怎麼樣？祂的性還是祂的，我的性還是我的，各造化各的，誰也幫不了誰的。

就像我以前對聖賢經典就感到非常好奇，經書中常說「萬法惟心」，說一切的答案通通都在內，到底是內在的什麼呢？我感到非常好奇，我看著書中一些返觀覺照、迴光返照的句子，我便自己開始揣摩內觀。

我閉上眼睛就開始觀照自己，就像大多數的人一樣，我不知道要觀什麼，但我非常用力地觀照。起初我想像，是不是觀一陣子會發現超能力？還是會變透視眼？還是會看見幾世前的我？或是不是有一天會看見我的肝肺呀？還是變成可以隔空發功呀？或是會不會看見幾隻鬼呢？嚇死人呀。

我毫無目標，只是閉著眼在裡面一直揣摩、想像，我很好奇，但我不知道我要找什麼東西。而後看到子思這句「道也者不可須臾離也，可離非道也」，之後又再看到《中庸》的一句「雖夫婦[77]之愚可以與知焉」，拜這兩句話之賜，此後我才有機會開始大幅地修正那些怪力亂神的觀照方向，往正確的心性之路前進。現在回想起來，眞是太感謝子思的指引了。少了這兩句話，迷昧的眾生眞是不知何去何從才好啊。

那麼到底什麼東西是現在就存在，且不管以前還是以後，你我一秒鐘都離不開的呢？各位，這個事情眞的是要仔細地想想呀。因爲會離開你的東西，即使你在這上面有所成就，也不能永遠屬於你的呀。現在就讓我們看看子思接下來怎麼說吧。

到底往內觀照時，要以什麼爲觀照的主軸？在考慮要怎麼落筆，來描述這個隱微難察的東西時，子思心裡在想，若把這個往內觀照的學問講得太細微，便會讓眾生不容易觀察，也會讓眾生望而生畏。若是把它講得太淺，又怕眾生小看這個性理心法。

77 匹夫匹婦，指普通男女。

到底要用什麼樣的方式，才能讓眾生容易體悟這個幽深的「性」字與「道」字，而又不會覺得太難而退卻呢？

就像很多人會問，你說性是一種造化規則，那我怎麼可能在返觀覺照的時候，看到我的那個造化規則是怎麼回事呢？如果要這樣才能做學問，那這個學問還做得來嗎？對的，如果要這樣才能做這個學問，那就算是天下第一等聰明的人也做不來，更何況是我們這些凡夫俗子呢。

然而眾生用一些比較具體而簡單的方式，也可以體驗它的存在，也可以獲得它爲我們所帶來的好處。這道理就好像我們想買一部最精密的凱迪拉克汽車一樣，你大可不必去研究這部精密汽車的每一個零件，也不必知道它每一個設計的複雜構造與原理，你大可不必把自己弄得像個設計汽車的工程師一樣聰明，事實上這部精密的汽車是每個愚夫愚婦都能輕鬆駕馭的。你只要知道加什麼油、知道怎麼開它，它就能爲你帶來莫大的好處了。

圓滿我們的本性，享受奇妙的本性所帶來的好處也是一樣，我們不需要練就了像透視，或有什麼洞悉三世[78]因果的超能力，或有什麼法術之類的能力，不需要的。子思在《中庸》裡面說：「雖夫婦之愚可以與知焉！」這個學問是愚夫愚婦都可以深入的。因爲老天爺在造你的時候，已經在你的本性中，設計了一切的奧妙。你絲毫不必擔心你會遺漏了什麼。

眾生是如此地愚昧，而「性」是如此地隱微而精密，但要圓滿你的性、顯現你的性，根據老天爺的設計，你只要懂得去檢驗一些簡單明白的東西就可以做到了。而那簡單明白的東西是什麼呢？這個重點就在下面這句話。

【喜怒哀樂之未發，謂之中；發而皆中節謂之和】

現在我們就花點時間，來說明這段《中庸》裡面最重要的話。這段話在修行的道路上，就像開車時的方向盤和油門一樣，這眞是非常非常重要的一段話，你

78 過去世、現在世、未來世。

可別讓它溜掉了。這段話中，子思使用「喜怒哀樂」及「中和」這兩個詞，來說明檢驗「本性」的具體步驟，以及前文中所提及那個「不可須臾離也」的東西。《中庸首章》一開始就先談「率性之謂道」，後來又說這個性字是「不可須臾離也」的，它是做人也好，做鬼也好，一秒鐘都離不開的。而後又說「莫現乎隱，莫顯乎微。」用「隱微」兩個字，說它就存在我們體內，但這本性很隱微，並不容易觀察明白，在原理上、本質上，幽深到連聖賢都不一定能明白的。但仔細看「莫現」與「莫顯」又讓我們明瞭，這個性雖然隱微難懂，但可藉由很明白的徵兆，就可以體察到它的存在，就連愚夫愚婦也能一目了然。最後子思說出這個檢驗本性的明顯徵兆在哪裡呢？就在把握「喜怒哀樂未發」，與「喜怒哀樂已發」之時，來檢驗它是否得到中和而已。

我再把這段話的重點濃縮一下，意思是說，往內觀照時到底要觀察什麼呢？說得簡單一點，就是觀察「喜怒哀樂」。只是觀察喜怒哀樂這麼平凡的東西，就可以照見我們的本性。這就是《中庸》爲什麼說「雖夫婦之愚可以與知焉」的原因。

各位，不論聰明或愚昧，誰沒有喜怒哀樂呢？又有誰可以離開喜怒哀樂的發或未發呢？你說：「我現在坐在這裡很平靜，我沒有喜怒哀樂，我沒什麼心情。」但沒什麼心情算不算心情的一種呢？那就已經於「喜怒哀樂之未發」的狀態中了。或者你說：「我坐在這裡好煩躁、聽不懂、聽得很生氣。」或是你說：「我聽得法喜充滿。」這便是已經在「喜怒哀樂已發」的狀態中了。

這句話的重點就是要告訴我們，要得證一身之道，得先由觀察「喜怒哀樂」這個徵兆做爲起點。而喜怒哀樂這四個字指的是什麼呢？我們再濃縮一下，它指的就是我們常說的「情緒」。

試想，有誰可以離開自己的情緒呢？沒有辦法的。做人有情緒，做鬼、做佛也有情緒的。你看那電影裡的鬼，爲了上輩子的冤屈，還要千刀萬里追，日日夜夜都想到要報復，怎麼沒有情緒呢？那麼做佛有沒有心情呢？佛當然也有心情，佛看到苦難的眾生有沒有慈悲呢？那麼慈悲算不算心情的一種呢？當然是啊。

在《中庸首章》裡面，子思所要告訴我們修行的唯一重點是「性」，但是性字太深了，不好懂，於是他退而求其次，告訴我們一個淺顯的地方，使我們便於入手。這個淺顯而易於入手的地方是什麼呢？那就在「情緒」這兩個字上面而已。從情緒「發」與「未發」來檢驗，便可以得證率性之道。更確切地說，只要觀察「情緒」這個徵兆，是否符合「中」與「和」的標準，便可以踏上「率性成佛」之路了。

所以不要小看「情緒」這個粗俗的東西，它可是一個可以通往甚深法界的指標呢。情緒是這麼地重要，然而大半的人並不瞭解，聖賢所謂的「情緒」這兩個字是什麼意思。因此以下我要花一點時間來談談，什麼是「情緒」。

想要瞭解情緒這兩個字的內涵，最重要的是要去體會「情緒的衝動是由什麼構成的？」以及體會到「情緒到底是發生在身體的什麼地方？」這兩個問題。但當一般人發生情緒的時候，通常只是陷入情緒的痛苦而已，哪還能看到他的身中有什麼眞相發生。

前文中提及「性」是老天爺給的，而它究竟是什麼東西呢？不好說，但是那個東西，在你身上顯現出來的明顯徵兆是什麼呢？最明顯的，莫過於你的「情緒」了。因此要檢驗你是否走在「率性」的道路上，就是要從檢驗你的「情緒」做爲起步的。

而到底要檢驗情緒的什麼呢？我們所要觀察的，並不在於讓情緒都不要發，也不是專注在分析什麼事情才可以發，或是什麼事情不能發；更非檢驗情緒發多大才算合理、才算中節，而是要檢驗未發時有沒有符合「中」、已發時有沒有符合「和」這兩大重點。

我們所要觀察的是，在我們的身中有個東西構成了人們的情緒，在那個東西未發動的時候，人們便了無罣礙，而當那個東西已經發動時，它立刻煩惱罣礙著每一個人！這個不起眼的東西，它其實非常隱微，因此從來沒有人把它當成個角色來看待，但每當它一動起來，編織起情緒這個迷魂陣的時候，便足以讓世上所有的人都煩惱不堪。因此只要觀察組成情緒的那個主角，看穿它原來只是一股微不足道的能量罷了，不要再被那股微小的力量所欺瞞操弄，你便有機會走入率性與解脫的大道了。

我們了解一般人情緒已發的時候，也必是被煩惱所罣礙的當下，但是子思所說的「發而皆中節」這句話，指的又是什麼境界呢？情緒既然已經發了，都動怒動哀了，到底要怎麼中節呢？而「中節」指的又是中什麼節呢？在這樣的意境下，到底還有沒有煩惱罣礙呢？

沒錯，子思的「發而中節」這句話，眞是帶給我們一大堆的疑問。但也因爲這句話，指引著我們有能力去對自己的本性做深度的觀察與省思。這篇文章一開始，就以「天命之謂性」作爲開場，而此處的「中節」，所指的當然是切中老天爺所賦予的「天命之性」的自然節度，而非指那些人爲的看法或人爲的經營。

但什麼是老天爺天命之性的天然節度呢？眾所周知，生命的本質是一股能量，而老天賦予給我的生命本質，那股能量「動」的時候是什麼形態？「靜」的時候又是什麼形態？那能量是由什麼東西來組成的？它與情緒間有什麼關係？它又是如何演變成足以控制人們心靈的情緒煩惱？而又爲什麼說本性裡隱藏著雋永的安寧呢？

你得把這些盲點一一在自身中觀照個清楚來，才能走出無盡的迷惘。但這盲點要從哪裡觀察起呢？子思指導我們，這必須在情緒的「發」與「未發」這兩個徵兆上來下功夫，才能快速見效的。

說得再簡單一點，便是要我們觀察，喜怒哀樂發的時候是什麼在發動？它是由什麼所組成的？而未發的時候它又是什麼樣貌？透過長時間慢慢地觀察，每個人終將會發現，人們的情緒是由一種「流動的能量」所組成的。而那股流動的能量，我們的老祖宗給予了一個名詞，稱它爲「氣」。而現代人則喜歡用「能量」這個名詞來形容，這其實是完全一樣的。

例如我感動的時候，必有一股溫暖的氣息在胸膛；我哀傷時，它便換成一股酸酸的氣息在胸膛；我憤怒的時候，它便換成一股剛烈的氣息在胸膛……是這股胸中的氣息組成了人們的心情，也罣礙著人們的心靈。（至於內心的情緒爲什麼存在胸中這個區域？詳細說明請參考我的前一本著作《找回失落的自己》。）

你是否觀察到，當你在還沒有情緒，而正要轉變成有情緒的那個當下，到底身中發生了什麼變化，才讓你感受到情緒的發生？你是否曾經檢驗過胸膛內，那個起起伏伏、潮來潮往的氣血形態，看它是如何演變成喜怒哀樂等情緒來迷惑人們的？

當你喜怒哀樂未發時，仔細觀察這氣機未發的形態，它是一種微微的動態，細細麻麻的、忽生忽滅的。這種微微的感受，通常並不會使人們感到有煩惱罣礙的存在。身中這種氣機的原始形態，了無習氣煩惱的攀附，完全符合天賦的自然節度，子思就以「中」這個字來稱呼它。

這個「中」的氣機形態，便是一切萬物本性的根本，也是萬物本性造化的基本形態，萬物的造化本質都是由這種忽生忽滅的氣機基本形態所往前推進的。學習內觀的第一步，便是要先把這個部分看清楚，也就是喜怒未發之時，身中氣機一種平穩的基本感覺。

至於喜怒已發的時候，胸中的氣機起伏便會產生一些變化，例如聽到一句什麼逆耳的話，胸中發生什麼變化？或是看到一個什麼不喜歡的畫面，胸中也可能有個變化。這胸中能量的微微一動，也就是人們喜怒哀樂等好惡情緒已經在發動的時候了。這時候人們的內心不是充滿著貪愛，便是充滿著嗔厭的當下了。

然而氣的眞相就只是氣，能量的眞相就只是能量，何曾有什麼貪嗔癡的意義存在其間呢？因此當胸中的氣機在起伏、在改變的時候，若能以著純淨的覺知去觀照它，觀照那能量原來生滅起伏的實相，不使這簡單的氣機起伏演變成貪嗔分別等意義，那麼這氣機雖然正在起伏動盪，依然不會對你形成絲毫的罣礙。

因為那只是一股微微的能量在你的身中生滅起伏著，就像水在河中自由自在的流動著而已。這時氣機雖然正在變動，甚至正在加速，但以這種智慧去觀照，卻非常地暢然祥和，了無貪嗔煩惱的意義。這種境界在《中庸》裡叫做「發而皆中節謂之和」，而《金剛經》裡則稱為「無所住而生其心」。所謂「生其心」就是「發而中節」；所謂「無所住」就是了無貪嗔意義，無二無別。

「和」是喜怒已發時，氣機能量雖動，但透過觀照，依然保持自由暢然起伏的原貌，沒有一點好惡夾雜於其間；「中」則是喜怒未發時氣機能量細細麻麻、忽生忽滅的寧靜常態。比較起來「和」的氣血感受，比「中」的氣血感受較為動態而多變，「中」並不是氣機能量都不動，只是比較起來較為寧靜而已。就是因為中、和這一動一靜的氣機變化，因而促成周身造化的往前推進。

萬物有了氣機造化，生命才往前推進，才得以生生不息，而那造化的自然規則就是萬物的「本性」所在。人類也是一樣，我們的本性造化，正隱藏在這氣機變化的動、靜之間，巧妙地往前推進。古修行者之所以能煉就佛的金剛法身，也是由顯現這天賦的造化本質，所造就出來的，這正是「性」的尊貴之處，因此佛家有「見性成佛」之說。

然而「見性」這兩個字一直被人們賦予過度神奇的面貌，那是因爲檢驗我們的本性對眾生來說並非易事，要瞭解周身造化，更是難上加難，因而這個課題至今已經越說越奇，奇到無可捉摸了。但本性是「不可須臾離也」的，它是分分秒秒都存在你我身中的，本性是「夫婦之愚可以與知焉」的，因此明眼的人知道，任何當下返觀，它必然隨時都存在，任何時候我們都可以依照它顯現出來的徵兆，來加以檢驗的。

那麼要檢驗什麼呢？那就是我們的「情緒」，我們的「喜怒哀樂」。從這個人人所必有的自然現象裡，可以照見我們的本性。然而子思所謂的「喜怒哀樂」指的是廣泛的各種正面、負面的情緒而言的，而不是只限定在這四項的範圍。

檢驗情緒未發的時侯，氣機較靜的基本感覺，那是一種沒有貪嗔罣礙的感覺；也要檢驗情緒已發的時候，那能量上不攀附貪嗔癡愛的知見，只是能量流暢的生滅起伏著的感覺。時常靜靜地看著氣機動與靜的感覺，只是做這兩項的觀察，你就可以照見本性的「中和」之道，也就可以得到本性造化的無盡法益了。

現在回到前面的主題，世上有什麼東西是你任何一分一秒鐘，永遠都沒有辦法離開的呢？仔細地想想，就只有這個「氣」字，是你永遠無法離開一剎那的。人們的情緒與精神，就是由氣的起伏所反應出來的；鬼的陰身中具足種種變化，也是氣的起伏所反應出來的；佛的法身「放之則彌六合，卷之則退藏於密[79]」，也是由氣的變化所反應出來的。不論你是做人也好、做鬼也好，做仙做佛也好，這是你永遠都無法離開一秒鐘的，連一剎那都沒辦法離開的。

因此只有這個氣機的生滅起伏，才是你生命的本質所在，只有這股氣才是眞道與本性所隱藏的所在。所以子思直曰：「道也者，不可須臾離也；可離非道也。」而孔夫子寫《易經》的時候則說：「一陰一陽之謂道。」而陰陽是什麼呢？陰陽就是「氣」。

79 從大處說這原理可以充滿上下四方，從小處說一粒微塵內亦是此理而已。

簡單地說，道就是氣。「氣」就是構成萬物生命本質的根本。

既然我們是「氣」所構成的，所以只要我們懂得檢驗自身的氣機生滅起伏，看它此刻在身中自不自在、純不純淨，便是在檢驗我們本性自在與否的依據了。而檢驗我們身上的氣，從哪裡檢驗起最爲明確呢？子思說從「喜怒哀樂」來檢驗最爲明確不過了。

然而初學常會發現，喜怒哀樂的「未發」過於隱微，其實並不容易檢驗，那麼則可以先從檢驗「已發」作爲起步；檢驗已發可以確知情緒的罣礙眞相，可以確知那本無意義的氣機活動，是否已淪爲貪嗔情緒的好惡意義。

然而檢驗已發時，初學常又不知不覺地墮入情緒的枷鎖，無法照見氣機起伏的本眞，因而不能完全符合天然本性的自在節度。若是如此，則又可以回頭去檢驗未發時的清眞，這兩者可說是相輔相成的。

時常地返觀檢驗，先把情緒的主軸釐清，再把已發的形態觀察清楚，再來觀察未發的基本感覺。平時氣機雖然是屬於未發，但是它還有一個基礎的感覺存在，只是這感覺比較微弱而已，這個基本的感覺形態叫做「中」。而已發的氣血比起未發時較爲強烈，震盪起伏比較大，此刻若依然能夠照見氣血自在清眞的原貌便稱爲「和」。

緊接著我要談談「中節」的問題，這兩個字是各教聖賢解脫心法的精髓所在，然而自古以來無數的修行人，卻很少人有機會悟入，更何況是爲三餐奔忙的芸芸眾生呢。

這學問的困難所在，就在於眾生們胸中的氣機只要一動，同一剎那代表他的情緒也開始動了，情緒一動，同時也代表人們的好惡、分別知見已經動了。在這一剎那後，我們在內心充滿著貪嗔癡愛，而我們的「本性造化」也在同一剎那開始被扭曲到六道[80]輪迴的造化路上。這個當下我們沒有「率性」，也沒有「中節」，這個當下眾生們正走在離道越來越遠的道路上。這一切都是由我們的「人心」所造成的，因此古聖人以「人心惟危」來形容內心那些貪嗔妄見對生命的危

80 眾生輪迴的六大去處：天道、人道、阿修羅道、畜生道、餓鬼道和地獄道。

害。

然而歷代的覺悟者則大不相同，當他們胸中的氣機能量一動之時，他們依然只是如如地觀照著那氣機自在起伏的清眞實相，而不讓它變成貪嗔癡愛等意義的催化劑，也不讓它變成罣礙心靈的因素，它只是讓氣血的變化維持它自在暢然的原貌。有了這種正知正見，也代表他此刻正在「率性」、正在「中節」、正在「如是觀」、正在「觀自在」，此刻眞道已經運行在他日常生活的每一分每一秒裡面了。而能護持這樣的正知正見的人如此稀少，因此古人用「道心惟微」來形容這份正知正見是如此地不易體會。

這個聖賢心法最不易體會處，是這種眞靜並非由不喜不怒而來，而是當一個人有了這種正知正見的基礎，情緒是可以發的。只是在情緒發動的當下，仔細地觀照胸中那股能量，使它依然保持在無分別取捨的正知正見下，因而不會對自己造成絲毫的痛苦與罣礙而已。這便是堯舜十六字心法「人心惟危，道心惟危；惟精惟一[81]，允執厥中[82]」的精義所在。

若是你誤以爲修行就是要修到情緒都不能發，那豈不是形同木石的無情了嗎。覺悟者只是發的時候依然照見內在氣血的本眞而已。這種智慧，與一般頑空修行者，以不發情緒爲德的知見是完全不同的。看看古人至情至性，豈謂喜怒不可發哉。

因此一個人對於胸中氣機起伏的正見能力，以及任胸中氣血自在中節的能力，攸關著我們是否能夠踏上「率性」坦途的關鍵所在。所以觀照胸中氣機是否「發而中節」的覺知能力，可以說是每個人一生中最重要、也最困難的學問所在了。而這也正是我之所以開辦黃庭禪，藉以提倡「直指人心」這個觀照方法的目的所在。

【中也者，天下之大本也；和也者，天下之達道也】

81 精純專一。
82 符合不偏不倚的中正之道。

前面講過，「中」是氣機生滅起伏的最基本形態，但這個「中」較爲靜謐隱微，也較易被人們所忽略，因此對於初學來說並不易檢驗，反而檢驗氣血的動態是比較容易的，一般來說，初學較易以此作爲入手。

在觀照「內心」之前，讓我們先從觀照四肢開始吧。例如我現在問你「此刻你的手掌中有什麼感覺？」這麼一問，可能有很多人不知道在說什麼。你可能會說「沒有什麼感覺！」但事實不可能沒感覺的。爲了讓初學有一個具體明白的東西來做爲觀察的主軸，我們可以想辦法讓手中那氣機起伏稍微變大一點，以便於觀察。

好比現在舉起你的雙手鼓掌五次，然後把雙手輕輕放在膝蓋上，此刻請你觀察兩隻手掌中，顯現出來的感覺是什麼？我想大半的人會說現在裡面麻麻的、或熱熱的、或說有脈搏的感覺……等等，是不是這樣呢？而那個與未鼓掌前相較，多出來的那份感覺就是我們一直提到的「氣」或「能量」了。

其實在未鼓掌以前，那些感覺也隨時都存在的，只是那時它比較小，對你也不會有任何妨礙，因此沒有人把它當主角來看待罷了。但當我們鼓掌幾下，刺激它的動盪，便很輕易地可以發現這個主角的存在，並加以觀察了。

要記得，那份麻麻的感覺、忽生忽滅的感覺就是「氣」。這股能量是組成一切萬物的最基本元素，它是一切生命之所以能生生不息的主角。當然也是你那情緒的主角。全身不論哪個角落，任何一分一秒中，只要你返觀它，它必然存在的。即使當了佛、當了鬼之後再返觀，那份感覺也依然還存在的。只有這個「氣」字，才配稱是天下萬物之「大本」所在。

現在知道主角是誰了，那麼要觀察它的什麼呢？先別急著觀察內心，因爲那比較難懂。先觀察你此刻的手掌吧。當你鼓掌後觀察手掌中所激發出來的氣機起伏時，你很輕易地發現，這些感受中，並沒有喜怒哀樂及貪嗔癡愛等意義夾雜在裡面。仔細欣賞它，它就只是麻麻的、熱熱的，它很暢然、很自在的，而這份清眞的感覺完全來自天然，沒有一點貪嗔知見的作祟，此時手掌內的這份氣機，已經處在《金剛經》所謂「離一切相」的狀態中，也是已經處在《中庸》所謂「發而中節謂之和」的狀態中了。

看到這裡，剛才鼓掌雙掌中的感受，也已經漸漸恢復原來的常態了。若是你從鼓掌後感受的激昂，一直觀照到它慢慢消退到平常的靜態，你便能清楚發現所謂「平常的靜態」裡面並非沒有感覺，而是依然充滿著感受，只是氣機起伏比較小罷了，而這種平常靜態的氣機感受，就是《中庸》裡面所謂的「中」。它是造就一切萬物的常態根本，所以說「中也者，天下之大本也」。又因爲這份感受在未發時，裡面毫無貪嗔情緒的意義，故曰「喜怒哀樂之未發，謂之中」。

因此「中」與「和」的差異就是一個是平常的靜態，一個則是有了起伏的動態，爲了區別它們的不同，因此一個叫「中」，一個叫「和」，但中與和兩者都表示這氣機內，不夾雜著任何好惡情識的污染，這一點則是相同的。

現在你會說，喔，原來「中和」並不難懂嘛。對的，並不難懂。只是子思所謂的「中和」，指的並不是手掌或肢體其他部位內的氣機實相，而是特指「內心」的位置裡，喜怒哀樂等情緒不論發或未發時，依然都能保有氣機實相來說的。

而這「內心的情緒」，它們主要是發生在身中的什麼位置呢？透過一陣子的觀照，每個人都可以找到身中的這個眞相，這答案就是在我們胸膛兩乳的正中，這一竅《黃帝內經》裡稱它爲「膻中」，而古修行人則稱它爲「黃庭」，這也就是我爲什麼以「黃庭禪」這三個字，來作爲這個「直指人心」的禪學名稱的由來。

一個人若在黃庭一竅的氣機動靜中，皆能保持不夾雜一絲一毫好惡分別的實相正見，便是如來「正等正覺」的當下了，也是《中庸》「率性」的當下，更是得到「天下之大本」的當下。但要在黃庭一竅的氣機動靜中，保持不分別取捨的正知正見，稍有返觀練習的人便可以發覺，這眞是一件不簡單的學問呀。

又爲什麼說「和也者，天下之達道」呢？「達」是從這裡到那裡，「達道」是能夠以著自身的造化，從這裡走到「道」的彼岸，回到大道的懷抱中生生不息的意思。而這份生生不息，所賴的就是身中這股陰陽二氣，在互相推盪變化中，所造就出來的造化奇蹟。

什麼是「造化」？爲什麼幾年前看這一棵樹，是這麼地小，而過幾年再看到這棵樹時卻嚇一跳。長這麼大！這幾年在樹皮裡面，究竟發生了什麼樣的激烈變化呢？那個慢慢變化的自然過程就稱爲「造化」。而這萬物身中的造化，是靠誰來推進呢？就是靠陰陽二氣反覆地消長推盪。這股氣在萬物身中，每起伏推盪、循環，造化就往前推進了一大步，因此我們才能看到萬物這些奇妙的變化今日存在我們身中的本性也是一樣的，我們的生命爲什麼能生生不息地往前推進呢？爲什麼我們的佛性能有得到淨化的機會呢？爲什麼修行者的法身，能日以繼夜地往更純淨的道路上推進呢？其所依靠的正是保持自身中那股氣機的實相，使它在實相中一動一靜、一起一伏間，相互的起伏推盪所造就出來的。

然而這氣的動靜起伏間，是否符合天性中自然的運動節律，便是我們能否「率性」，能否圓滿一身之道的關鍵所在。古智者不斷在身中返觀覺照的目的，就是爲了檢驗周身的氣機動靜鼓盪間，是否能完全出於無心[83]，完全出於本性的自然而已。若能藉由返觀覺照，而悟透這個「天下之大本」的清眞本來，便是佛家所謂的「見性」了。

然而這返觀覺照到底要怎麼檢驗呢？由於氣機的靜態比較隱微，並不容易觀察，但氣機若化爲有起伏的動態時，則因爲較爲明顯而易於觀察，這一點同樣適用於肢體感受及「黃庭」感受的觀照中；但若把觀照黃庭一竅的氣機動靜，拿來與肢體的氣機觀照作比較時，觀照黃庭氣機的難度，顯然要比觀照肢體時的難度高的多了。

就像剛剛我們的雙手於鼓掌後再來觀察，就容易多了。觀察情緒也是一樣，平時叫你觀察黃庭一竅中的「喜怒哀樂之未發，謂之中」，很多人都會感覺有所困難，他們會說觀不到什麼，但若在情緒微微已發的時候再來觀察，則較為具體明白。

觀照黃庭內情識的發動，那股能量卻沒有一絲絲好惡分別的意義夾雜於其間，此刻它已中了天性動態的節，動而依然中節，故稱爲「和」。而在喜怒未發時，那股能量是靜而中節，故稱爲「中」。

世上萬物的身中都像這樣，它們的生命都是由這股氣機所鼓盪造化出來的，它們的生命都是依靠那股氣在「中」、「和」之間來回推盪，才得以生生不息，才得以往下一個里程碑走去。

簡單地說，氣在平常休息的狀態時叫「中」，氣在運動起來的狀態時叫

「和」。而造化是一種動態，因此要由這個狀態造化到下一個狀態，由此岸造化到解脫的彼岸，其最大的功臣是氣機動態時的「和」，而氣機靜態時的「中」則是休息的時候才用得到的。就像由高雄要走到台北一樣，能讓你到達台北的是身體在動態的時候，而靜態只是休息時才用的。要走到彼岸的過程也是一樣，所依靠的是氣機的動態，因此說「中也者，天下之大本也；和也者，天下之達道也。」

子思「和也者，天下之達道也」這句話，主要是要告訴我們，氣機在身中變成動態並不是壞事，因爲氣機不動則造化必定遲緩難行，氣機動了造化才得以展開。因此當我們在往內觀照時，應該要學習欣賞身內氣機的動盪起伏，在動盪起伏間還依然不升起任何好惡取捨的分別知見，與它和平相處，如此才能使修煉的造化工程，以最快的速度向彼岸前進。

但這工程難就難在這與生俱來的中和性眞，會在人們胸中的方寸之地，氣機一動的當下，立即在習性的助長下，攀附上滿滿的好惡知見，而使往彼岸的造化全部毀於一剎那，而走向六道輪迴的造化路線。

眞可以說是：成也是心、敗也是心。佛家有句話說「萬法惟心」，就是在形容黃庭寸心的重要，法身造化的成敗，全都操控在它的手上。也因此，觀照的工作，便要以觀照黃庭一方寸的氣機實相為首要工作，其餘則非重點所在，這便是佛家「直指人心」的教義所在。

就像方才簡短的體驗中，你會發現手掌中的感受本來沒什麼情緒的，縱然它內在的氣機有時動有時靜，但它本自安然，實際上你的情緒在這個地方是攀附不上去的。仔細地內觀我們周身的氣機起伏，並非每個地方都可以攀附情緒上去的。最後你會發現周身的氣機起伏中，最容易攀附情緒意義的地方，只有一方寸的大小，而這一方寸的分別知見，又足以擾亂全身氣機的自然，使你離「率性」之道越來越遠。

你終將發現，全身只有「黃庭」這一方寸內的氣機變化，會演變成人們無盡的情緒與煩惱，只有這一方寸內的實相失守，才會擾亂我們周身的氣機自在與天然。它的位置就在我們胸膛兩乳正中央，深度約皮下兩、三寸的一個氣場。這也是佛家「心輪」的位置所在。

我們的本性不論如何地精妙，造化不論如何地具足，只要「內心」這一竅的中和失守，周身的天然造化便蕩然無存了。這一竅是我們喜怒哀樂的發生地，也是中節與否的檢驗點，它是我們身心性命能否得其自在的總源頭，也是三心四相的生滅點。

因此自古智者修行，都以覺悟這方寸一竅內的「中和」眞相爲本。六祖所謂「一切福田[84]不離方寸，從心所覓感無不通。」指的就是這個地方。

什麼是中和呢？「中」這個字，是身中氣機靜態的造化模式。這個基本形態就存在萬物的本體裡面，任何一棵樹裡面都有，一株草裡面也有，一隻猴子、一隻狗、一塊石頭、一把火、一個鬼、一個仙佛裡面都有的。萬物身內的造化，都是以這種氣機形態做爲基礎的。當然人的身中造化，也是以這種基本形態爲本的，因此說「中也者，天下之大本也」。

然而這氣的造化，會不會永遠都只是維持在靜態而已呢？不是的，例如春夏時，萬物的氣機鼓盪將會比較動盪高昂。但是看看這氣機轉變爲高昂的時候，萬物只是任這氣機去產生高昂的變化，而毫無一己的知見干擾於其間，因而能使造化又快速又正確地往前推進了一步。

反觀這世上的萬物，唯有人類會在自身胸中氣機有起有落的時候，讓它演變爲貪嗔癡愛等情緒的意義，來扭曲全身的造化，來破壞我們的本性。如果其中有人，能在胸中氣機有了動態的變化時，仍保持不攀附任何好惡意義的眞知，任其自在地升起滅去，安然地欣賞於其間，這就是《中庸》的「率性」，也是佛家「見性」的當下。只有這個氣機的天然動態，才是天下萬物促成造化大幅前進的眞正動力，因此子思說「和也者，天下之達道也。」

然而我們可以一直走而都不休息嗎？那麼你可能永遠也到達不了目的地。因此走久了需要休息下來，休息夠了必定要把握時間動起來；動久了必要靜，靜久了必要動；中久了必要和，和久了必要中，這兩者一行一歇，一動一靜，才能達到彼岸，因此說「中也者，天下之大本也；和也者，天下之達道也。」

本性自有自己的節度，本性有什麼節？本性隱藏在氣中，就像水性藏在水分

84 佛教以為供養佈施，行善修德，能受福報，猶如播種田畝，有秋收之利，故稱福田。

子裡面是一樣的。氣有靜態，也有動態，靜態安於靜態的造化實相，動態安於動態的造化實相，除了氣機的實相之外，不再加上別的好惡攀附，只是讓這氣機的起伏「單獨」存在，這就是一個君子修持的樞機所在，所以說「君子愼其獨也」，這個「獨」字就是維持於氣機動靜的單純原貌。

當氣靜時也是「獨」，當氣動時也是「獨」，當氣在肢體也是「獨」，當氣在心頭也是「獨」。當在一個人獨處時也是「獨」，當在很多人面前時也是「獨」，時時檢驗身中氣機純淨的實相，這才是所謂「君子愼其獨也」的眞義。

爲什麼只是觀察一個「氣」字，可以證得「天下之大本」？因爲萬物都是由「氣」所構成的。這氣字是構成萬物的能量所在，以其流動稱爲「氣」；以其爲萬物所共有故稱爲「道」；以其具足萬物造化之規則故稱爲「性」；以其總是展現出有條不紊的次序故稱爲「理」；以其有益於一切萬物故稱爲「德」；以其足以生生不息故稱爲「仁」；以其裁制有節故稱爲「義」；其充沛則成萬物之「精神」，其消散則成萬物之「凋萎」。這天地間最爲博大精深的字眼，全都已具足於一個「氣」字之中了。

古人說：「積陰則沉，積陽則飛。」因此人能積陰則成鬼魂之陰身，能積陽則成仙佛之法身。純陰是氣、純陽也是氣，污染是氣、精純也是氣，中是氣、和也是氣，未發是氣、已發也是氣；天地之間有什麼東西能夠逃出這「氣」字的造化之外呢。

所以要論起什麼東西是「天下之大本」呢？眞是非這個「氣」字莫屬了。

【致中和天地位焉，萬物育焉】

道在天下，天下萬物何其多，山中那棵樹裡的造化是否中和，你有辦法去主宰它嗎？沒有辦法的，也不需要的，因爲它本自中和了。路旁那株草裡的造化是否中和，你有辦法主宰它嗎？沒辦法的，也不需要，因爲它本自中和了。

天地萬物都是靠著自己的本性，自己身中氣機造化的中和之道，而成長、而開花、而結果的。你看那蘋果樹自然結出蘋果來，芭樂樹自然結出芭樂來，但擁有尊貴佛性的人們，有沒有自然地結出佛果來呢？沒有！天下萬物都已率性，都走自己該走的造化之路，都結自己該結的果實，天下萬物都率性，只有人類還沒率性。只有自以爲萬物之靈的人類出了問題。只有人類連本性都無法維護。

因此，世界早就中和了，世界早就中節了，全世界到目前爲止還沒有「致中和」的，還沒中節的，還沒有走上應該走的道路，還沒有結出該結的果的，只有一種東西，而那一種東西他們自稱爲萬物之靈。

但我們並非一無可取，回想一下我們的價値，也是非常特殊的，你知道爲什麼這麼多的萬物都中節，只有人類不能中節嗎？這是因爲人類身中所存在的氣，比起萬物精純，比起萬物靈敏，因此我們比起其他生物聰明，這就是我們稱爲萬物之靈的本錢。

但我們把這無比靈敏的氣給正用了，還是給誤用了呢？除了少數的覺者以外，我們這些眾生都把它給誤用了。我們把老天爺所賜予那丁點靈敏無比的氣，純淨無比的性，用在不對的路途上。我們身內的氣機一動，我們便立即誤以爲我們的喜怒哀樂、貪嗔癡愛都已在動了。我們把這心頭上微微的氣機起伏，化成自我的捆綁與枷鎖的能量，化成人與人之間隔閡與戰爭的能量。然而那股氣的眞相，只是黃庭內一丁點氣機的微微起伏而已。這點眞相聰明的人們卻很少看透，而那少數看透的人，我們稱爲「覺者」，稱爲「明心」的人。

「致」是盡力地達到，慢慢地達到。「位」是回到自己的本位。這句「致中和天地位焉，萬物育焉」是說，若是能夠漸漸達到氣機造化的中和，天地間所有的萬物都能夠得到應有的長養與化育了。

然而天地萬物本來就中和，現在只剩下人還沒有中和而已，因此這句話是講給人聽的，要「致中和」的是人類，而不是其他的東西。因此句中的「天地」，指的是自身內的小天地，而「萬物」所指的是自身內的一切氣機造化。

因此「致中和」這件事可以靠別人嗎？我的中和歸我管，你的中和歸你管，我替代不了你的中和與否，你也替代不了我的中和與否。就像吃飯一樣，各人吃飯各人飽，各人性命各人了，覺者只能教導你，但不能替代你的。因此每個人都必須靠自己的力量往內觀照，觀照什麼才是你的性眞？這才能幫助你有所覺悟。

但這個主題實在不好說明，因此子思教導我們從喜怒哀樂來檢視起。而檢視喜怒哀樂，其實是在檢視你所有的情緒；檢視你的情緒，其實是在檢視你的氣機起伏；檢視你的氣機起伏，其實是在檢視你是否在胸中變動的氣血上，產生好惡分別的攀附，以及你的性是否被妄心給扭曲了。

保持你對實相的定力，讓這個氣機的起伏，單獨存在於它自在的動靜來去而已，不要讓它攀附分別好惡的心思，也不要讓它變成情緒衝動的意義，於是隱藏在本性中的奇妙造化便得以展開，這就叫做「君子愼其獨也」。而此時周身八萬四千個毫毛孔竅無不各歸其位，各顯其性，故曰「天地位焉，萬物育焉」。

仔細地想想，一個人的人品高下，幾乎完全都受我們內心的情緒所控制，就像一個喜怒無常的人，或是一個貪慾很深的人，或是一個很愛嫉妒排他的人，這些人不是給人一種令人頭痛，或人品低劣的感覺嗎？其實他們只不過是受到自己胸中一丁點氣血起伏的控制而已。因此這看起來微不足道的東西，其實它的力量非常非常地巨大，所以《中庸》說「莫現乎隱，莫顯乎微。」因爲它的影響力再大也不過了。

一個人的人格是什麼來影響的呢？不就是你的情緒、慾望嗎？我看到很多聰明絕頂的人，但是到這個公司人家也請他走路，到那個公司人家也請他走路，因爲請他走路的老闆說，這個人的人格有問題，不然就說他的情緒有問題，這種案例在社會上總是層出不窮。

我還曾看過這樣的報導，有一個人很有錢，但是他就很喜歡偷東西，他偷東西不是因爲被生活所迫，而是因爲偷起來有快感，他沒有偷的時侯就會顯得非常的無聊，於是他不斷地偷。簡單地說，他只是受到胸中那點「快感」與「無聊」的控制。

是什麼東西控制著他不得不偷呢？是什麼東西讓他不去在乎人們對他會懷著什麼眼光，父母是否會痛心疾首，這一切他都不在乎。這個禍首，竟然只是胸中一丁點微微起伏的「氣」而已。人類眞的很聰明嗎？

爲什麼我們要受那一丁點毫無意義的氣血所控制呢。這樣的枷鎖，若不開始學習返觀自己的本來清眞，哪有離苦得樂的一天呢？這個課題眞是「莫現乎隱，莫顯乎微」呀。想要解脫煩惱束縛的人，能不對它正眼看待嗎？

今日人們已經把胸中微微起伏的一點氣機，演變成我們的情緒能量，演變爲我們的需求能量，我們的貪嗔能量，我們的恐懼、憂鬱的能量。於是造就出無可自拔的煩惱來，這都只是在胸中氣機起伏時，攀附好惡知見的結果而已。何不開始學習觀察它，讓它存在本無意義的原貌呢。畢竟它只是一丁點能量的起伏而已呀。畢竟氣血的起伏就像水的起伏一樣，本無貪嗔等意義的呀。

子思教導我們解脫的良方，那就是「君子愼其獨也！」只是讓氣機起伏存在應有的本質，存在那個毫無意義的本眞，存在自性的本來樣貌，就可以得到解脫。這與六祖覺悟之時所說的「何其自性本自清靜」不是異曲同工嗎？《金剛經》的「離一切相即名諸佛」不也是一樣的意思嗎？

「氣」這個東西，我們生也好、死也好，沒有一秒鐘可以離開它的。當我們這個肉體拋開後，我們的美貌失去了，我們的軀殼都失去了，而這股氣依然是鬼神的生命主軸所在。當鬼當神也還有情緒的，這依然是祂們賴以解脫的課題所在。

有人會問：「佛哪裡有情緒？佛是很平靜的。佛是很慈悲的。」但平靜與慈悲算不算內心情緒的一種呢？當然也是的。況且佛是憑什麼來檢驗祂的情緒是否平靜，以及居心是否慈悲呢？就是靠祂對心頭一丁點氣的覺知呀。不然怎麼感覺祂的慈悲呢？

再回想平常你憑什麼來檢驗你的情緒到底是激昂的？還是平靜的呢？就是靠覺知身中氣機的起伏有多大呀。因此這氣就是我們眞我生命的主軸，這是天命之謂性的所在，也是道的所在，可離非道也，我們無可抗拒的，生生死死都還在的。

因此觀察它的本眞就是觀察「本性」了。凡夫因這氣的形態而產生罣礙，而聖者因觀察氣的本來自在而得到解脫，懂得讓我們的氣存在它自然的起伏造化，不加任何分別攀附，便是「率性」了。而率性的當下，便是得證自身之道的當下。便是「修道」的當下。時時持守這種自在的人，才有資格說「道在日常生活中」的。

「修道之謂教」，爲了教導這種直指人心的正知正見，所成立的團體我們稱爲「教」。宗教的教化，就是以此爲主軸的。所以聖人成立宗教的教化，是一項非常有意義的工作，它教導我們由內心放下所有的執著，走向人生的正途，教導我們圓滿人生的眞義，教導我們過得自在解脫。自古以來的創教者，一直都有著這樣的使命，也都尊重其他教派有相同的使命，宣揚相同的眞理。

但今天我們可能身在某一個教中，然而所做的一切教育，若失去怎麼引導眾生去照見自己本自清靜的天命之性，不懂得怎麼去觀照自己的煩惱根源，以及教導他們究竟的解脫之道，反而不停地往外追尋，不停地錦上添花，不知道如何往內去「愼其獨也」，那麼這個教存在，就變成一個普通的行善團體而已，因爲它已失去古人創教的最大功能了。少了這個直指本心本性的教育功能，不論做多少善行義舉，古人都叫它爲「術流動靜」了。

由於《中庸》的這句「可離非道也」的指引，使我們對於生命的主軸有了新的認識，並且我們確知，我們可以藉由最粗淺的喜怒哀樂，就可以來檢驗無比精微的天命之性。這眞是子思給予眾生的最大貢獻所在。

例如待會喝茶的時候，喝下去，「嗯，好喝！」有一種心情，馬上觀察那個好心情的感覺在哪裡發生？它是由什麼樣的氣所組成？喔！原來是黃庭中的一丁點「氣」所經營出來的，最重要是馬上觀察你有沒有「愼其獨也」。有沒有讓那本無意義的氣機演變爲貪嗔痴愛的動力？再喝一口，嗯，看著胸膛發生一丁點變化，是比較緊，或是溫度比較高……，要記得「愼其獨也」，要記得「離一切相」，只看它暢然的原貌。

待會兒一個人坐在這裡，感覺無聊，無聊也是一種心情，一樣練習往內覺觀，心情是什麼組成的呢？喔，原來是心頭內的一丁點「氣」所組成的。然後仔細檢驗自己有沒有「愼其獨也」？有沒有任其自在？

改天父親叫你陪著他去爬一個無聊的山，你雖然很想孝順，但是路程中內心不斷地發出聲音說：「唉！怎麼來這種地方，都是斜坡。要走到什麼時侯？回家不是很好嗎？」你的心情一直從黃庭中冒出來，日常生活是不是像這樣？

改天媽媽說：「小明去幫我買一瓶醬油！」「才不要，你自己去喔，我已經十八歲了，我有自主權，你搞清楚喔！」現在小孩都這樣，做一點小事，動不動情緒就上來了，他已經十八歲了，然而他頂嘴的功夫一流，卻還未曾學會如何觀察自己的黃庭，看看當下內心裡究竟發生了什麼事。

這個學問學校裡沒有人教，社會上也沒有人教，就算跑到宗教裡也沒有人教。連「直指人心」怎麼指都指不出來，眞是令人非常感嘆。古聖先賢所遺留下的經典精髓，以及中華民族「執中精一」博大精深的文化寶庫，竟然沒有人來宣揚。

如今的眾生們已經習慣不斷地往外追尋，沒有人關心什麼是我內在的本心本性，也沒有人確知什麼是我當下這一秒的本心本性。現在縱然我們的喜怒哀樂已經發了，但我們不知怎麼觀察它的中不中節。我們往裡面看，都是嗔恨、討厭、不耐煩的聲音，我們不知道怎麼讓它回到清眞的本貌，我們不知道如何讓它「愼其獨也」。我們不知道怎麼「率性」。我們不知道如何「惟精惟一，允執厥中」。無怪這項性理心法的推展，是那麼地舉步維艱。於此，這些年來我眞的是感觸良多呀。

如今我們藉由《中庸》短短的一篇文章，大略地瞭解了生命的本源，並藉由「黃庭禪」的禪修方法，以「直指人心」的方式，教導各位返觀自己的心海，點開自己的心燈。希望藉此爲古聖先賢「爲天地立心，爲生民立命，爲往聖繼絕學，爲萬世開太平」的宏願盡一份力量；也爲再現博大精深的中華文化露一線曙光；又爲整合分崩離析的五教歧見，找到可以相互尊重與認同的大本；也爲解脫眾生的煩惱痛苦，找到釜底抽薪的根本辦法，歡迎有志者一起來努力。

諸位學者若懂得以《中庸》第一章中所闡釋出來的性理精義，貫串到第二章、第三章，一直貫到最後一章。將裡面所談的大小事情，小到一個起心動念，大到像「哀公問政」的治國之道，全都根據「天命之謂性，率性之謂道，修道之謂教」的基本主軸來思考，定能貫穿全書精義的。

如果我們翻開史書，裡面描述著誰跟誰對談，後來談得誰心裡很高興，所以做了一個什麼影響深遠的重大決策；或是你看到誰去向誰諫言，然後惹怒了對方，最後人頭落地……等，仔細想想那人是爲了什麼東西，讓他做了重大決策？又是爲了什麼東西，讓前面的人人頭落地？這都是因爲「心情」的好惡而已啊。我們甚至可以說，整部歷史就是由各種人物的好惡心情所寫成的呢。你說「心情」這兩字不重要嗎？

而心情是什麼東西做的呢？不就是黃庭一竅內微微起伏的氣呀。你以爲它很小很不重要嗎？你看那歷史上某國揮兵大舉入侵，只是爲了一個「貪」字，或是一個「恨」字，貪是不是一種心情？恨是不是一種心情？一丁點心情就可以使人做出轟轟烈烈的大事來的。

那麼心情是什麼呢？還是胸中一丁點的氣而已啊。因此古人所做的教育，都是以這個「氣」字爲主要的核心，其中尤其以「內心」一竅內的氣機爲教育的最要處。因爲心頭一竅內的氣能否「中」？能否「和」？不僅能影響個人，也足以影響全人類的安危呀。你說這個主題不重要嗎？

有了這個認識之後，你就能瞭解《中庸首章》之後，爲什麼一下子談修身，一下子談鬼神，一下子談國家，一下子談祭祀了。用這個基本概念去讀《中庸》其餘的每一個章節，你必能感受到古人的用心是那麼地良苦，而結構是如此地精美。而不會總覺得上一句與下一句毫無關聯了。

保持這種「直指人心」的知見爲主軸，覺觀這一個章節所要表達存在每個人胸中「喜怒哀樂」的「發」或「未發」的機微，便能洞悉聖人之所以著書立說的苦心。同樣以這種「天命之性」的認知，再去讀《道德經》、《金剛經》、《心經》……等，你馬上就能觸類旁通左右逢源了。你立即就能相信，千門萬戶原來一家親的道理了。

這個以本性爲主的基本知見，就像千經萬典的一把萬能鑰匙一般，這把鑰匙不是只交待在子思的身上，也不是只交待在如來佛的身上，也不只交待在老子的身上，這個性命的眞機，老天爺早已把它交待在每個人的身上了。此刻每個人身上都有一把萬能鑰，只要你懂得從觀察黃庭一竅內的機微入手，每個人都可以解開千經萬典中最深、最不可解的性理之謎。每個人也都可以爲自己打開通往天堂的門。

祝你因悟得自性的本來清靜，而法喜充滿。

關於黃庭禪

何謂「黃庭」？

「黃庭」是人身的感應中樞，它是人身之中氣機[85]感應最爲敏銳多變的一個位置。當人們的六根[86]與外緣[87]接觸的時候，「黃庭」中都會升起微微的氣機起伏與變化。例如：我們眼睛看到亮光，心情也必爲之開朗，這個開朗的感覺，就是在「黃庭」的氣機起伏中所上演的。

「黃庭」是身中一股敏銳之氣的感應點，也因爲它的起伏多變，因而有時反而變成擾亂人心安寧的根源。例如：我們產生感動、生氣、憂傷……等情緒時，實際上都是由「黃庭」一竅的氣機起伏所引發出來的。人們誤以黃庭一方寸內的變化爲「煩惱」由來已久，並非今日才發生在大家身上。

僅是「黃庭」內的些微變化，即主宰著人們的情緒、想法、行爲及人生自在與煩惱的源頭。因此，若不經過仔細的觀察，多半的人只有終日被情緒勒索的份，哪有什麼自在幸福的人生可言呢？

「黃庭」的名稱非常多，一般人俗稱它爲「心頭」，修行家稱它爲「靈台」，佛陀稱它爲「煩惱根本」，老子在三千年前則稱它爲「黃庭」。爲什麼老子稱它爲「黃庭」呢？「黃」是五色之中，於五行屬土，於心爲不分別[88]取捨，爲解脫。「庭」是元神[89]所居之所，人身尚有一股五元未判[90]之眞氣，作爲周身的感應中樞，該眞氣聚匯之處即是元氣所居之家庭，故稱爲「庭」。

「黃庭」在人體的什麼部位？

85 身中那股氣或能量活潑流暢的感覺。
86 眼、耳、鼻、舌、身、意。
87 外在一切人事境遇。
88 區別你我、是非、好壞、對錯等對立的心態。
89 人的靈魂；精神。能量可見者謂之精，升華至無形謂之氣，氣再淨化便謂之神。精氣神都是能量，能量的原貌叫元精、元氣、元神。
90 陰陽還沒化為五行之前的本來樣貌。

「黃庭」的位置就在胸口正中深度約兩三寸的地方，然而它並非一個有形的器官，而是氣機起伏的感應位置。人們感動時這裡先熱，人們哀傷時這裡先酸，憤怒嫉妒時這裡先動。它是人身精氣神的感應中心，也是天地人的交感中心，更是人們情緒的戰場，人們錯以這裡爲心，這裡一有起伏，人們便覺得不能自已了。

不只是生時如此，人死之後，做鬼也還有一個陰身，做佛也還有一個法身，不論陰身也好，法身也好，也都還存在著這樣一個情感的感應中心，而這個感應中心仍然深深地影響著鬼神的思惟與安寧。

因此，所謂「胸口正中」只不過是依人身來指個大略的位置而已，而「黃庭」實際上的意義，乃是做人也好、做鬼也好、做神也好、有肉體也好、無肉體也好，都永遠存在著的一個生命氣機感應中心，因此，檢驗「黃庭」的位置要以感覺爲主，而非用尺寸去畫出個定點。

但知道這位置在哪兒，或在腦中去理解這位置的重要，對我們並沒有什麼幫助，因爲瞭解「黃庭」對你的束縛，是要實地在自身中觀察，才能證得的。而如何從「黃庭」的束縛中解脫出來，則是另一個更深的習題了，這並非靠理解可以有所得的。好比學習雕刻，老師父教小徒兒說應該這樣刻，應該那樣刻，小徒兒聽完便說：「喔！我知道了！」然而要雕刻出老師父作品的神韻，起碼得實地去練習個十來年才能有眞正的體會呢。

什麼是「黃庭禪」？為什麼要提倡「黃庭禪」？

「禪」與「煩惱」是相反意思，禪這個字有「無障礙」及「自在解脫」的意味。然而這解脫要從哪兒開始，才能建立起堅強基礎呢？

《達摩祖師論輯》曰：「見本性爲禪，若不見本性，即非禪也。假使說得千經萬論，若不見本性，只是凡夫，非是佛法。」簡單地說，禪境解脫[91]乃是從照見[92]

91 心性得到解放與自在。
92 詳察；明瞭。

「自性的本來清靜」中建立起來的。若沒有照見自性本來清靜的眞知眞見[93]，縱然日日焚香操琴，亦無禪境解脫可言。所以「禪修」是內求之事，這並非外在事貌功業可以取代的。

一切的功業德貌雖好，但終是在外，非本性所固有；一切敲打念唱雖好，但亦是在外，非本性所固有。修行不從本性上努力，終究是毫無益處的。因此只有致力於照見自我心性的本來清靜，方得悟入究竟[94]的解脫之門。

而是否能照見清靜本性取決於明心，明心又取決於能否照見所有煩惱眞相，煩惱眞相又取決於對「黃庭」一竅中的眞知。教導大家照破「黃庭」一竅中的煩惱眞相，恢復自性中本來的清靜，這是歷代聖賢解脫煩惱塵勞的唯一正路，也是「黃庭禪」這個絕學之所以存在的價值。

人們的聰慧可以觀察到遠在天邊的細小變化，但卻不能瞭解自身內的煩惱眞相。我們總以爲煩惱的根源在外，但外物不一定能煩惱人，它必須轉變爲身中的感受才能煩惱人；身中感受不一定煩惱人，它必須轉變爲「黃庭」方寸內的起伏才能煩惱人。胸口感受一有起伏，人們便覺得煩惱不能自已。

簡單地說，你我的最大迷惘，便發生在胸中這個小小一方寸的微微起伏上面。大家誤以「黃庭」之內的起伏爲煩惱，誤以「黃庭」的動靜爲心，這種現象並非今日才發生在你我的身上，自古以來它已不知困死多少有心追求心性安寧的英雄好漢。

人們情緒的來源也許很多，造成的情緒也許很大，但此時若仔細觀察所有情緒發動的眞相，卻只是源自於黃庭方寸內一點點氣血的起伏晃動而已。而這氣血的晃動就像水一樣，它本可毫無意義地自由存在人們的胸中，但人們的習性卻隨即攀附在這氣血微微晃動的一剎那。這一瞬間我們立即感到難過、哀傷、孤獨、不悅等情緒，那一剎那我們便不由自主地想盡辦法要逃避、要抵抗、要把這丁點微微起伏的感受消滅……也就是說，人們並不容許「黃庭」內的一丁點變化自由

93 正確透徹的認知見解。

94 終極有效的方法。

地存在，因而產生無盡的煩惱。爲了解脫「黃庭」內小小波動的煩擾，一般人常用的方法如安慰、轉化、壓抑、激勵，或觀察呼吸、丹田、觀察肢體感受等等，但這些都只能使黃庭內的波動暫時得到平撫，暫時得到安然，等到下一刻胸中又升起波浪的時候，那短暫的寧靜與自在便又蕩然無存了。因而人們又得再度去追尋下一個安心之道。

自古以來有少數潛心觀察自身煩惱眞相的覺者，但最後他們深切地發現，人身之中隱藏著一個非常重要的祕密，原來人身有一個感應中樞（黃庭），隨著六根與外緣的接觸，它會產生一些自然的起伏。這些覺者又在自身中經驗到，由於「黃庭」的感應起伏太過敏銳多變，因而大家深受「黃庭」內一丁點的氣血起伏而煩惱、而罣礙。

然而再細觀它的眞相，就只是一丁點氣血的小小起伏而已。就像水波自然地起伏一般，有什麼好值得罣懷的呢？認識它只是自在起伏，認識它的微不足道，含容它自由地發生，同一剎那，便已經得證了安然的解脫之道。同一剎那，也已吻合了千經萬典所隱藏的性理心法[95]眞機。

大家所謂「煩惱」或「情緒」的發生處，就在「黃庭」一竅中，看不破這竅內的小小眞相，想要免除所有情緒的困擾，便解脫無門了。修行家所謂「三心四相」的落腳處，也在這裡發生，找不到這一竅，想要「掃三心飛四相」便無從入手了。心理學家所謂的「潛意識」也在這裡呈現，看不破這一竅的眞相，想要徹底去除潛意識的控制便成空談了。而「黃庭禪」這個學問，正切合了大家的需求，更彌補了現代心理學與修行者的疏漏。

古來的覺者，體驗到只有見證自性的本來安然，方能解開所有煩惱的枷鎖。《心經》所謂「觀自在[96]」，及所謂「照見五蘊[97]皆空，度一切苦厄」即指此意。引導你在自身中經歷本心本性的安寧，便是創辦「黃庭禪」課程的精髓所在。

認識「黃庭」對人們的心靈產生枷鎖的力量，及做一些簡短的解脫練習，約

95 如何顯現自性及如何安置內心的方法。
96 觀一切法皆自在的意思。
97 指色、受、想、行、識五種蘊藏在心中的情緒能量。

須兩天的時間，經歷反覆地觀察與練習，方有助於進入更深的禪定體驗，希望更多有心人的投入，能將這個「心氣一體」的眞相，早日公諸於世，也希望藉由「黃庭禪」的推廣，使天下眾生早日遠離煩惱罣礙的束縛，共造家庭與社會的祥和。

這樣才能學會一生受用的道理
青春就是要跌 跤
A
FUNNY THING
HAPPENED
ON THE WAY TO
THE FUTURE...
《回到未來》
米高・福克斯 著
MICHAEL J. FOX
李茲文化

© Bryan Adams

國家圖書館出版品預行編目資料

讀 500 字換一生平心靜氣：新解修心雙經典，孟子心氣說與中庸首章！
/ 張慶祥著；—— 初版. —— 新北市：李茲文化，2011. 12
面；公分

ISBN 978-986-87432-5-0（平裝）

1. 孟子　2. 中庸　3. 研究與考訂

121.267　100022993

讀 500 字換一生平心靜氣：

新解修心雙經典，孟子心氣說與中庸首章！

作　　者：張慶祥
責任編輯：陳玉娥
主　　編：陳家仁
總 編 輯：吳玟琪

出　　版：李茲文化有限公司
電　　話：+(886) 2 86672245
傳　　真：+(886) 2 86672243
E-Mail: contact@leeds-global.com.tw
網　　站：http://www.leeds-global.com.tw/
郵寄地址：23199 新店郵局第 9-53 號信箱
P. O. Box 9-53 Sindian, Taipei County 23199 Taiwan (R. O. C.)

定　　價：280 元
出版日期：2011 年 12 月 7 日 初版
2019 年 9 月 6 日 六刷

總 經 銷：創智文化有限公司
地　　址：新北市土城區忠承路 89 號 6 樓
電　　話：(02) 2268-3489
傳　　真：(02) 2269-6560
網　　站：www.booknews.com.tw